mit Christine Dohler

EL MISMO SOL

UNTER DERSELBEN SONNE

Überall und nirgendwo zu Hause

*Für
Leticia, Marten,
Paula und Gregory*

Inhalt

Prolog
Ist schon alles vorbei,
bevor es angefangen hat?   **11**

1
¡Bienvenido al mundo de la música!
Willkommen in der Musikwelt!   **15**

2
Sin fronteras
Überall und nirgendwo zu Hause   **31**

3
La vida es una canción
Musik ist unsere Sprache   **51**

4
Dicen que tú no eres de aquí
Aus einer Krise wachsen   **73**

5
Brilla como el sol
Alles oder nichts   **99**

6
Aprender a surfear la ola
– Und dabei nicht untergehen **125**

7
Sto impazzendo?
Werde ich verrückt? **153**

8
De vuelta a la realidad
Zurück in die Realität **169**

9
Hakuna Matata
Meine Stimme für das Gute einsetzen **187**

10
Tradición, cultura y comida
Liebe geht durch den Magen **209**

11
Magia. *Ya verás que sale bien*
Am Ende wird alles gut **227**

Nachwort
Alma de luz **247**

Dank **250**
Bildnachweis **253**

Zu Hause ist in dir
El hogar está dentro de ti
La casa è dentro di te
家は自分の中にある
Home is oneself
Casa és en un mateix

Prolog

**Ist schon alles vorbei,
bevor es angefangen hat?**

19. September 2015, iHeartRadio Music Festival,
Las Vegas, MGM Grand Garden Arena

Dum-dum, dum-dum, dum-dum. Mein Herz pocht so laut, dass ich es deutlich höre, obwohl um mich herum alle ausflippen. Fast 20 000 Menschen jubeln, schreien und klatschen, weil Jennifer Lopez alias J.Lo die Menge anheizt. Gerade zieht sie ihr Jackett aus und steht nur noch in einem weißen Body auf der Bühne.

Ich bin allein, halte mich backstage an meinem Mikrofon fest. Die Luft flirrt – nicht nur wegen der Vibes der kreischenden Menge. In der verrückten Wüstenmetropole Las Vegas ist es im September immer noch heiß, doch ich habe Gänsehaut am ganzen Körper. Mit einem Kopfhörer im Ohr stehe ich am Aufgang zur Bühne und warte auf ein Lautsignal der Regie, dass mein Einsatz losgeht und ich singend auf die Bühne laufen kann. Es sind zwei Welten: Ich in der Dunkelheit, still und konzentriert, draußen die bunten Lichter einer Bühnenshow und die ausgelassene Stimmung. Nur wenige Schritte trennen mich von dieser ganz anderen Energie.

Ich bin drei Meter entfernt vom bisher größten Moment meiner Karriere, auf den ich so unendlich lange hingefiebert habe: Ich werde meinen Song *El mismo sol* mit Queen J.Lo vor einem Riesenpublikum bei einem der wichtigsten Radiomusikfestivals des Landes performen. Das ist meine Chance! Ich nehme mir vor, alles zu geben und wie ein Held auf der Bühne zu stehen.

Nun kündigt J.Lo an, dass sie heute eine Überraschung mitgebracht hat. Das bin ich. Ich kann es immer noch nicht fassen. Ich, der 24 Jahre alte schlaksige Lulatsch, der in keine Schublade passt. Der spanische Musiker, der halb Deutsch ist, zuerst in Italien erfolgreich war, aber einen Plattenvertrag in Deutschland unterschrieb. Jemand, der sich das Klavierspielen selbst beigebracht hat, bunte Vintage-Hemden trägt und sich nie tätowieren lassen würde. Ein lebensfroher Spanier, der aber keinen perfekten Hüftschwung beherrscht. Jemand, der seine Kindheit in Japan verbrachte und damals, ehrlich gesagt, ziemlich schüchtern war. Ich komme aus dem Nichts und bin nirgendwo zuzuordnen, noch nicht einmal einem Land: überall und nirgendwo zu Hause.

Ich fühle mich backstage längst bereit, wir haben den Ablauf ja so oft geübt. Meinen Song, den ich den ganzen Sommer auf zahlreichen Konzerten performte, kenne ich so gut wie keinen anderen. Doch dann passiert, wovor alle Musiker Angst haben: Ich wippe erwartungsfroh zu den ersten Takten des Songs mit, kurz darauf soll ich meinen Anfangsklick hören. Aber stattdessen: Nichts! Die Leitung bleibt still, ich höre nichts! Und jetzt? Mein Herz überschlägt sich, panisch blicke ich um mich. Der Applaus ist jetzt so laut, dass ich den Einstieg unmöglich selbst finden kann. Aber ich muss raus auf die Bühne! Das Problem ist: Wenn du merkst, dass du einen Takt zu spät dran bist, dann kannst du einen Takt warten und passend einsteigen. Aber wenn du zwischendurch eingestiegen bist, kannst du es nicht korrigieren. Und genau das passiert: Ich gehe auf die Bühne – und singe falsch los. Horror! Eigentlich müsste ich aufhören zu singen und von vorne beginnen. Am liebsten würde ich sofort im Erdboden versinken! Zum Glück checkt J.Lo die Situation sofort. Sie kommt mir von der anderen Seite der Bühne entspannt entgegengelaufen und steigt in ihren Part genau richtig ein. Wir sind wieder auf der Spur, aber ich bin megafrustriert. Ich kann mich selbst nicht hören und singe auf gut Glück. J.Lo wird in dem Moment zu meinem Schutzengel. Sie fasst mich kurz bei der Hand und gibt mir mit einem Blick zu verstehen: Alvaro, alles ist gut. Wir haben jetzt einfach Spaß! The show must go on!

Ich kann mich an diesen Augenblick so gut erinnern, weil ich überzeugt war: Okay, Alvaro, dein Traum endet hier. Dankeschön! Es ist alles vorbei – dabei hat es angefangen wie in einem modernen Märchen.

1

¡BIENVENIDO AL MUNDO DE LA MÚSICA!

WILLKOMMEN IN DER MUSIKWELT!

Wie war ich nur hier gelandet? Es hatte sich immer noch wie ein Traum angefühlt, als ich vor ein paar Tagen mit dem Linienflug aus Madrid angereist war. Und schon gleich bei der Ankunft in Las Vegas hatte ich zum ersten Mal gedacht, dass alles verloren sei. Ausgeträumt, Alvaro! War ja klar! Dieses Gefühl begleitete mich anfangs ständig, weil mich der Erfolg so plötzlich eingeholt hatte. Als ich am Flughafen meinen vom vielen Reisen ausgeleierten Pass über den Counter in Richtung Zollbeamter schob, schaute er mich grimmig an. Er blätterte misstrauisch darin herum und fragte mich mit strenger Stimme: »Was machen Sie hier in Las Vegas?«

Ich war wie immer zu ehrlich und sagte höflich: »Ich bin hier, weil ich am *iHeartRadio Music Festival* teilnehme.«

»Was machen Sie denn da?«, fragte er. Ich wusste, ich hatte nichts Schlimmes getan oder vor, wurde aber trotzdem nervös. Wie bei einer Alkoholkontrolle im Auto, wenn man gar nichts getrunken hat und doch kleinlaut spricht. Ich dachte: Oh Gott, egal, was ich nun sage, ich gehe in den Knast. Also blieb ich ehrlich: »Ich singe einen Song.«

»Ah, sie performen?«

»Na ja, kurz einen Song mit J.Lo.«

Der Beamte zog seine Augenbrauen hoch, blieb dann

aber professionell.»Aha, also arbeiten Sie hier. Sie haben aber nur ein Touristenvisum!«

Oh Mann, ey, dachte ich, und bekam leichte Panik, denn die Proben für den großen Auftritt würden schon bald beginnen. Ich musste unbedingt in dieses Land reinkommen! Sofort! Verzweifelt sagte ich:»Ja, aber das ist doch keine Arbeit. Es ist eine Ehre für mich, mit J.Lo aufzutreten. Ich bekomme kein Geld dafür. Es ist Promotion für meinen Song.«

»Okay, kommen Sie bitte mit«, sagte er da.

Ich folgte ihm in eines dieser muffigen Verhörzimmer, als wäre ich illegal eingereist oder hätte etwas geschmuggelt. Ich wollte meinem Manager Benny, der schon im Hotel war, Bescheid geben, dass ich festsaß. Aber ich durfte mein Handy nicht benutzen. Neunzig gefühlt endlose Minuten musste ich warten, bis mich ein anderer Grenzpolizist zum Verhör bat. Er fragte, warum ich einreisen wollte, und ich erklärte alles noch mal. Dieser Amerikaner war zum Glück netter und meinte:»Gut, mein Freund. Ich habe Coldplay vor einer halben Stunde auch durchgelassen. Die hatten allerdings das richtige Visum. Du brauchst beim nächsten Mal ein anderes Visum. Du bist kein normaler Tourist!«

Erleichtert atmete ich auf, als endlich der Stempel im Pass landete.

Schon im Taxi zum Hotel konnte ich wieder über mich selbst lachen: Alvaro wäre fast nicht reingekommen in die große, verrückte Showbiz-Welt! So als würde man vor einem Club am Türsteher scheitern. Dann riss ich meine müden Augen auf: Wir brausten über den weltberühmten Las-Vegas-Strip! Ich konnte nicht glauben, wie viele rote Teppiche dort auslagen. Alles sah so gigantisch aus! Die Hoteltürme schossen meterhoch in den Himmel, überall funkelten Millionen Lichter.

Als ich schließlich die Lobby meines Hotels betrat, hörte ich die Spielautomaten klimpern und sah als Erstes eine überdimensionale goldfarbene Löwen-Statue. So viel Kitsch auf einen Schlag, das haute mich fast um. Ich stieg in einem Zimmer im MGM Grand Hotel ab, wo auch *Ocean's Eleven* gedreht wurde. Jetzt sah ich live die Bilder, die man sonst nur aus Hollywood-Filmen kennt: Pokertische, an denen die Spieler keine Miene verzogen, flimmernde Slots, an denen Männer mit Cowboy-Hüten und Frauen mit Pudel im Arm ihr Glück versuchten. Da fiel ich in Jeans, Hemd und Sneakers ziemlich aus dem Rahmen. Aber ich war zu müde, um mir noch über irgendwas Gedanken zu machen. In meinem Zimmer warf ich mich kurz auf mein riesiges Kingsize-Bett und dachte wie im Traum, dass ich gleich auf der Bühne proben würde, wo schon Madonna und Beyoncé aufgetreten waren. Und: Ich würde mich mit J.Lo treffen wie mit einer alten Bekannten. Absurd!

J.Lo kam mir wenig später strahlend und mit wippendem Zopf entgegen, als wir uns zur Probe in der Konzerthalle trafen.

»Schön, dich zu sehen!«, sagte sie. Es war nicht unsere erste Begegnung, denn wir hatten ein paar Wochen zuvor bereits das Video zur Single *El mismo sol* in

New York gedreht. Das ist noch eine andere verrückte Geschichte, die ich später erzählen werde.

Auch wenn es etwas klischeehaft klingt, muss ich sagen: J.Lo sah in echt noch besser aus als auf den Fotos und in den Videos. Sie kam natürlich rüber. Nicht gemacht oder übermäßig geschminkt, ganz läs-

sig gekleidet in schwarzen Leggings und hellblauer Strickjacke. Entspannt schauten wir uns zuerst die Bühnenshow an, denn Statisten übernahmen unseren Job, damit wir genau sehen konnten, wie die Choreografie wirken würde. Dann durften wir auf die Bühne. Die Proben liefen den ganzen Nachmittag, bis in den Abend hinein. Deswegen sieht alles so perfekt aus bei einer amerikanischen Bühnenshow, weil der Ablauf unzählige Male durchgegangen wird. Showbiz und Entertainment haben so einen hohen Stellenwert in den USA, dass da selten etwas dem Glück überlassen wird.

Als ich den Song *El mismo sol* mit meinen deutschen Produzenten Simon und Ali schrieb, hätte ich niemals nur zu denken gewagt, dass ich ihn eines Tages gemeinsam mit dem Weltstar J.Lo singen würde, einer der erfolgreichsten Sängerinnen der Gegenwart.

Jetzt, nachdem die Proben beendet waren, tippte mir J.Lo auf die Schulter: »Du, Alvaro, hast du vielleicht Lust, noch mit mir in einen Club zu gehen?« Eigentlich wollte ich nur noch in mein Bett, schließlich war ich seit einer Ewigkeit auf den Beinen. Aber ich taumelte und dachte: Okay, egal, wie groß der Jetlag ist, da muss ich mit.

»Ja, sicher!«, sagte ich also, betont lässig.

Und so trottete ich wenig später hinter J.Lo auf dem roten Teppich in einen Nachtclub. Sie wurde für ihre Anwesenheit bezahlt – lässiger Job! Arm in Arm mit ihrem damaligen Freund Casper ging sie voran, und jetzt lief sie wie die Queen, die sie ist. Wir folgten ihr etwas unsicher, Benny, ein Kumpel von ihm und ich. Als wir den Club betraten, rasteten alle aus – natürlich nicht wegen uns. Wir setzten uns in einer Galerie über der Tanzfläche an einen V.I.P.-Tisch. Für mich war die ganze Situation aber eher unangenehm. J.Lo nippte mir gegenüber an einem Glas Wasser, während ich mir aus

Verlegenheit einen Gin Tonic reinschüttete. Es war so laut, dass wir kein vernünftiges Gespräch führen konnten. So brüllte sie über den Tisch: »Wo bist du noch mal geboren?«

Ich rief zurück: »Barcelona.«

»Wo?«

»Barcelona, in Spanien.«

»Ah!«

»Und du?«

»New York, in der Bronx.«

Deep Talk war gar nicht möglich, ich fühlte mich wie ein Tier im Zoo. Alle Clubbesucher glotzten zu uns hoch, es lief nur J.Los Musik. Wenn so ein Megastar in einen Club kommt, will keiner mehr tanzen, sondern nur einen Blick oder ein Foto von ihr erhaschen. Ich habe mich noch nicht einmal getraut, ein zweites Getränk zu bestellen, weil ich dachte, das bekommen alle mit. J.Lo winkte und lachte die ganze Zeit nach unten zu den Clubbesuchern, die sich eher wie ein Publikum verhielten. Was sollten sie auch sonst tun? Nach einer Stunde sagten wir höflich: »Hey, wir gehen mal. Es war ein langer Tag.«

Als ich wieder allein in meinem riesigen Hotelzimmer meine Zähne putzte, dachte ich: Das mag ich nicht am Show-Business. Umso mehr freute ich mich darauf, einfach auf der Bühne singen zu dürfen.

Nur ein paar Tage später war der große Augenblick gekommen. Ich, der Typ von nebenan, traf plötzlich backstage auf Kanye West und P. Diddy. Kurz vor meinem

Auftritt stand ich mit J.Lo und den Tänzern in einem Kreis, und wir legten uns die Arme auf die Schultern. Ich direkt neben J.Lo, kurz davor, die Fassung zu verlieren. Einen Moment war es ganz still in unserer Runde, während draußen schon das Publikum tobte. J.Lo ergriff das Wort und hielt eine emotionale Ansprache wie ein amerikanischer Baseball-Coach: »Wir müssen uns glücklich und dankbar schätzen, dass wir Musik machen dürfen. Dass wir das machen können, was wir lieben. Also, lasst uns das Beste geben. Wir sind ein Team, wir schaffen das!«

Wir alle jubelten. Ich war megainspiriert davon, dass so jemand wie J.Lo immer noch dankbar ist für ihren Erfolg.

Der Kreis löste sich auf und J.Lo drehte sich noch einmal lächelnd zu mir für ein letztes High five. Unsere Hände klatschten voller Energie zusammen, dann sprang sie bestens gelaunt als Erste auf die Bühne, um die Fans zu begrüßen. Was folgte, war wie gesagt mein schlimmster Albtraum.

Leider gibt es diesen herrlich missratenen Auftritt immer noch auf YouTube zu sehen. Ich habe es erst kürzlich geschafft, das Video wieder anzuschauen. Es tat weh! Mein verpatzter Einstieg in den Song ist zwar technisch leicht korrigiert worden, aber ich höre natürlich, dass ich falsch war. Mir ist es auch unangenehm, wie steif ich mich auf der Bühne bewege – und neben mir kreist die perfekte J.Lo mit ihren Hüften. Wenn sie mit den Armen winkt, um das Publikum zu motivieren, wirkt das so locker, sie sieht einfach aus wie ein

Megastar. Meine Arme sehen aus wie Spaghetti, die im Wind schlackern. Ich bin fast doppelt so groß wie sie, obwohl sie High Heels trägt.

Was man nicht sieht: Nach dem Auftritt umarmte mich J.Lo herzlich. Aber ich war richtig down und dachte: Mann, ey, nun bin ich einmal in Amerika und versaue meinen Auftritt. Und es ist nicht mal meine Schuld. Klar, das wirkt jetzt wie eine Ausrede nach einem verschossenen Elfmeter. Aber es war so. Auf dem Weg zum Backstage-Bereich fragte J.Lo mich sofort: »Was ist passiert, Alvaro?«

Ich sagte: »Ich habe gar nichts gehört. Ich wusste nicht, wann ich in den Song einsteigen soll.«

»Oh, das tut mir so leid«, sagte sie da aufrichtig. Und dann kam ihr Freund Casper auf seinem Skateboard angerollt, klopfte mir bro-haft auf die Schulter und sagte: »So viele Leute sind ja auch überwältigend. Du warst bestimmt aufgeregt.«

Als wäre ich ein absoluter Anfänger. Das hat mich echt geärgert, weil ich schon vor viel mehr Menschen gesungen hatte. Wenn man einen Song schon 150-mal performt hat, dann sitzt er eigentlich.

»Ich war nervös, aber das war nicht das Problem«, sagte ich. Zum Glück kam da auch J.Los Manager dazu, der legendäre Benny Medina, und sagte: »Das tut mir so unfassbar leid. Das darf einfach nicht passieren.«

Er wirkte, als hätte er ein schlechtes Gewissen. Der Mann, der schon mit Prince und Madonna gearbeitet hatte. Das hat mir ein besseres Gefühl gegeben, und ich erklärte ihm auch noch einmal, was genau los gewesen war.

»Wir hören das nicht zum ersten Mal«, sagte er. »Andere Musiker hatten dasselbe Problem mit dem Sound. Wir kümmern uns darum.«

Er war total wütend und ich dachte schon, dass nun Köpfe rollen würden. Und tatsächlich: Das halbe Technik-Team wurde nach dem Tag gefeuert. Krass, so läuft das in Amerika. Hire and fire.

Mein Manager Benny bekam die nächsten Tage meine miese Laune ab, die ich eigentlich wirklich selten habe. Meist kann ich auch nach doofen Momenten schnell wieder lachen, oft über mich selbst. Grumpy und mit hängendem Kopf trabte ich durch die Spaßmetropole Las Vegas. Alles nervte mich. Wie kann es in einem Moment noch so geil sein und im nächsten ist alles vorbei? Ich habe doch so hart und mit so viel Leidenschaft für meinen Erfolg gearbeitet! Damals dachte ich, man darf sich als Profi-Musiker keinen Fehler mehr erlauben und muss immer perfekt sein.

»Entspann dich, Alvi, es ist nicht schlimm! Deine Karriere ist nicht vorbei«, sagte Benny mir in diesen Tagen so oft. Auch alle anderen, die den Auftritt gesehen hatten, fragten immer nur: »Hey, war es so cool mit J.Lo wie es aussah? Erzähl doch mal!« Anscheinend war der Patzer nicht so sehr aufgefallen.

Damals dachte ich aber wirklich: Meine Karriere ist zu Ende. Ich kam aus dem selbstgeschaufelten Loch gar nicht mehr heraus und murmelte in Gedanken immer wieder vor mich hin: Das war meine Chance, alles zu zeigen, was ich kann. Und ich habe es verbockt.

Heute weiß ich: Dieser ganze Mindfuck war wirklich überflüssig, denn ein paar Wochen später bekam ich eine zweite Chance. Ich durfte wieder in die USA fliegen, dieses Mal nach Miami, wo die Latino-Version des Radiomusikfestivals stattfand. Alles lief wie geschmiert, ich hatte dazugelernt. Ich reiste immer noch mit Touristenvisum in die USA ein, aber dieses Mal sagte ich lässig: »Ich will mit meinen Freunden am Strand abhängen.« J.Lo und ich lieferten eine super Performance ab – und hatten eine Menge Spaß. Nur als sie mich kurz mit ihrem berühmten Hintern berührte, bekam ich fast einen Blackout. Davon gibt es sogar ein Foto, das später immer für Interviews benutzt wurde. Alle meine Nervenbahnen waren für einen Moment gekappt, und ich habe einfach starr nach vorne geschaut wie ein Roboter. Aber danach sang ich einfach weiter, denn auch das fiel niemandem auf.

> *Es ist nicht immer gleich das Ende, wenn mal etwas schiefläuft. Es kann sogar der Anfang von etwas ganz Großartigem sein.*

Hätte ich früher an mich geglaubt, dann hätte mir das viele Nerven und Zweifel erspart. Es ist ja nicht immer gleich das Ende, wenn mal etwas schiefläuft. Es kann sogar der Anfang von etwas ganz Großartigem sein.

Ab diesem Punkt meiner Karriere ging es weiter bergauf, und ich bin jeden Tag aufs Neue dankbar, dass ich Musik machen kann – so wie J.Lo es in ihrer Ansprache gesagt hat.

Kaum zu glauben, dass seit dieser durchgeknallten Zeit in Las Vegas so viel passiert ist. Sechs Jahre fühlen sich für mich an wie zwölf, weil jeden Tag so viel los ist bei mir.

Ich vergesse aber nie, wo ich herkomme. Oft schaue ich mir Fotos und Konzerte von früher an. Ich war ein Normalo und dachte nie, dass ich es schaffen würde, vor nur hundert Menschen zu spielen. Meine Karriere als Musiker war lange Zeit nicht einmal mein Plan B im Leben. Hey, ich war ein deutsch-spanischer, schüchterner Junge an einer Schule in Japan. Musik war mein Hobby und auch mal meine Rettung, als es in meinem Leben schwierig wurde. Mehr nicht. Und dann änderte sich plötzlich alles. Während ich dies schreibe, wird mir das selbst erst richtig bewusst.

Eigentlich bin ich mit 30 Jahren ja viel zu jung, um eine Biografie zu schreiben. Und so würde ich dieses Buch auch gar nicht sehen. Ich gebe im Folgenden eher einen Einblick in mein bisheriges Leben, der inspirieren und unterhalten soll. Und der vor allem zeigt, wie die Musik mir geholfen hat, Grenzen zu durchbrechen. In meinem Inneren und im Außen.

2

SIN FRONTERAS*

ÜBERALL UND NIRGENDWO ZU HAUSE

* Spanisch für: ohne Grenzen

Wer mich kennt, weiß, dass ich in vielen Kulturen zu Hause bin und meine Familie schon an einigen Orten ihre Wurzeln geschlagen hat. Es ist manchmal etwas schwierig für andere zu verstehen, dass ich Spanier bin – aber auch Deutsch, Englisch, Italienisch, etwas Japanisch und Catalán spreche. Wer mir auf Instagram folgt, wird erleben, dass ich laufend zwischen den Sprachen wechsele. Manche Follower sind verwirrt, andere nutzen dies, um andere Sprachen zu hören oder zu lernen. Und auch ich trainiere mich da selbst. Es ist wirklich nicht immer leicht, so viele Sprachen frisch zu halten und nicht durcheinanderzukommen. Aber ich merke, wenn man singen kann, dann kann man auch akzentfreier sprechen. Ich lerne Sprachen wie einen Song und achte dabei auch genau auf die Phonetik.

Die meiste Zeit lebe ich in Berlin, weil dort meine Plattenfirma, mein Management und meine Produzenten sind. Ich sehe mich aber als spanischen Künstler. Oft werde ich gefragt, warum ich auf Spanisch singe. Dabei wäre die eigentliche Frage: Warum sprichst du Deutsch? Wenn ich dann noch erzähle, dass ich meine Schulzeit in Japan verbracht habe, entstehen weitere Fragezeichen. Die will ich nun auflösen. Für mich ist das alles normal, denn ich kenne es nicht anders. Aber ich verstehe, wenn man da nicht mehr mitkommt. Also fange ich mal vorne an, meine Familiengeschichte zu erzählen. Dann ergibt alles einen Sinn.

Mein Vater ist Deutscher und seine Eltern kommen aus Ostpreußen, was er bis heute immer betont. Wenn ihr wüsstet, wie oft er zu Hause »Ostpreußen« sagt – haha! Es ist aber schön, daran erinnert zu werden, wo die eigenen Wurzeln liegen.

Mein Opa war gerade mitten in seinem Medizinstudium in Königsberg, was heute Kaliningrad ist, als er im Zweiten Weltkrieg an der Ostfront von den Russen gefangen genommen wurde und beim Einzug nach Deutschland die Verwundeten operierte. Manchmal sogar mit einem Gewehr am Kopf.

Nach dem Krieg war er heimatlos und suchte in Deutschland als Erstes meine Oma, die er in der Schule kennengelernt hatte. Meine Oma war das komplette Gegenteil von meinem Opa, der eher zurückhaltend wirkte. Oma habe ich als besonders lebenslustige Frau in Erinnerung. Sie war eine Künstlerin, ein Freigeist, und beschäftigte sich gern mit dem Sinn des Lebens. Mein Opa hatte damals gehört, dass sie nach Rügen geflohen sei, und er reiste dorthin, schaute aufgeregt die Listen durch, ob er ihren Namen finden konnte. So hoffte er herauszufinden, ob sie überhaupt noch lebte. Mein Opa hatte fast seine ganze Familie und viele Freunde im Krieg verloren. Aber meine Oma hatte zum Glück überlebt und befand sich tatsächlich mit ihrer Familie auf Rügen. Ich kann mir kaum vorstellen, was das für ein Gefühl für meinen Opa war, als er das erfuhr. Es ist schon eine romantische Vorstellung, dass die beiden sich über Listen wiedergefunden haben und dann heiraten konnten.

Sie gingen gemeinsam nach Berlin, wo der Vater meiner Oma als Oberarzt der Gynäkologie an der Charité arbeitete. Übrigens hat mein Vater mir gesagt, dass sie auf dem Weg nach Berlin geheiratet haben. Ich habe keine Ahnung, wann und wie und wo das so schnell möglich war, das kennt man ja nur aus Las Vegas. Oma und Opa haben bei null angefangen, aber es ging ihnen im Vergleich nicht ganz so schlecht: Seine amerikanischen Patienten haben Opa manchmal mit Schokolade und Zigaretten bezahlt, und die konnte er gegen Mehl, Butter und Milch eintauschen. Amerikanische Ware war zu der Zeit ja mehr wert als Geld.

Die beiden blieben aber nicht lange in Berlin. Mein Opa, der auch Gynäkologe und Chirurg war, wollte nicht in demselben Krankenhaus wie sein Schwiegervater arbeiten. Und so zogen sie erst einmal nach Bad Schwalbach, wo meine beiden deutschen Onkel geboren sind. Später dachten sie sich, wenn wir schon unsere Heimat verlassen mussten, dann können wir das mit dem Neuanfang ja gleich ganz woanders machen. Mein Opa hatte ein Jobangebot aus Indonesien bekommen, um dort zu arbeiten und auch andere Ärzte auszubilden. So kam mein Vater 15 Jahre nach seinen beiden Geschwistern als Nachzügler auf Sumatra zur Welt, und seine erste Sprache war eigentlich Indonesisch, das ihm das Kindermädchen in Indonesien beibrachte. Nach 16 Jahren auf der Insel zog die Familie weiter nach Japan, wo mein Vater dieselbe deutsche Schule in Tokio besuchte, die ich später besuchen sollte.

Als mein Vater 14 Jahre alt war, beschlossen meine Großeltern, mit ihm nach Spanien, an die Costa Brava zu gehen, um sich dort zur Ruhe zu setzen. Mein Vater fand das nicht so gut, für ihn bedeutete es einen Kulturschock, denn plötzlich befand er sich in dem kleinen spanischen Dorf Roses – und in keiner asiatischen Großstadt mehr. Er konnte noch gar kein Spanisch sprechen, und alles war eine riesige Umstellung für ihn. Aber letztlich war der Umzug eine sehr gute Entscheidung, denn so konnten sich meine Eltern kennenlernen. In einer der schönsten Buchten an der Costa Brava.

Meine Mutter ist halb Spanierin und halb Belgierin. Mein spanischer Opa hat meine belgische Oma verführt, als sie mit ihrer Familie zum Strandurlaub an die Costa Brava kam, wo auch er ein Wochenendhaus hatte. Er muss damals ein unwiderstehlicher Casanova gewesen sein – und sie eine wirklich hübsche junge Frau. Mein Opa ist der einzige Spanier in der Familie und tritt heute noch mit über 80 Jahren elegant mit seinen vollen, weißen Haaren und in schicken Anzügen auf. Ich erinnere mich noch, dass meine Großeltern zu meiner Konfirmation nach Japan kamen und meine Mitschüler kommentierten: »Das ist ja eine ganz schöne Ehre, dass für dich extra der spanische Botschafter angereist ist.« Ich musste sehr lachen und sagte: »Mann, ey, das ist doch mein Opa!« Aber der Vergleich passte: Wie mein Opa da so herumstolzierte und alle freundlich begrüßte, hätte er locker Spanien repräsentieren können. Meine Oma hingegen Belgien. Als mein Opa sie zum ersten Mal am Strand sah, wie sie als junge Frau gelassen und fröhlich im Bikini und mit wehenden blonden Haaren ins Meer lief, hat er sich sofort in sie verliebt, was ich verstehen kann. Damals, Ende der 50er-Jahre, wurde Spanien noch von dem Diktator Francisco Franco regiert. Während der konservativen und strikten Regierung lief niemand freizügig am Strand herum, außer meiner Oma, die ganz unbedarft aus Antwerpen zu Besuch war.

Nach dem Kennenlernen haben sie sich ein Jahr lang Briefe hin- und hergeschickt. Die hätte ich gern mal

gelesen, aber leider haben sie sie vor Kurzem verbrannt. Genau aus dem Grund – sie wollten nicht, dass irgendwer sie in die Finger bekommt. Mhm, was da wohl drin stand? Auf jeden Fall will ich mal einen Song mit dem Titel »Verbrannte Briefe« schreiben, dann kann ich mir ja alles ausdenken.

Oma zog bald darauf zu meinem Opa nach Barcelona, wo schließlich meine Mutter geboren wurde, und einige Zeit später auch ich – genauer gesagt am 9. Januar 1991 – als Alvaro Tauchert Soler. Ich war der Erste von insgesamt drei Kindern. Der Nachname Tauchert kommt von meinem deutschstämmigen Vater, der ja so gut wie nie in Deutschland gelebt hat, aber mit uns zu Hause Deutsch sprach. Auch ich, mein Bruder Gregory und meine Schwester Paula sollten bald erfahren, was es bedeutet, in verschiedenen Kulturen ein- und aufzutauchen.

Als ich eines Tages von der Schule nach Hause ging, ahnte ich nicht, dass sich meine ganze Welt bald komplett ändern würde. Ich war zehn Jahre alt und schlenderte durch den von mir so geliebten Stadtteil Sarrià-Sant Gervasi mitten im lebendigen Zentrum von Barcelona, wo sich nicht so viele Touristen tummeln, sondern eher die Einheimischen auf den kleinen Plätzen ein Bier trinken und Musiker auf der Straße Gitarre spielen. Ganz in der Nähe lebten meine Großeltern, also die Eltern meiner Mutter, und meine Tanten und Onkel. Mein spanischer Opa arbeitete in einer Bank und ging dort jeden Tag zu Fuß hin. Ich fühlte mich manchmal, als lebte ich in einem Dorf. Die deutschen Eltern meines Vaters pendelten zwischen ihrem Haus an der Costa Brava in Roses und Bad Kreuznach in Rheinland-Pfalz, ihrem zweiten Wohnsitz in Deutschland. Ich war es gewohnt, immer von meiner Familie umgeben zu sein.

Meine Eltern warteten, bis mein zwei Jahre jüngerer Bruder Gregory und ich in unserem Zimmer auf dem Bett saßen. Meine Mutter hielt meine damals drei Jahre alte Schwester Paula im Arm, und sie sagten: »Wir werden umziehen!«

Ich dachte an eine andere Wohnung oder vielleicht auch ein schönes Strandhaus an der Küste, damit wir jeden Tag zum Fischen mit dem Boot rausfahren konn-

ten, wie wir es mit unseren Großeltern gern machten. Doch mein Vater sprach davon, dass er ein tolles Jobangebot als Geschäftsführer bei einer Firma im Ausland bekommen habe und wir für ein paar Jahre nur in den Sommerferien in Spanien sein würden. Ich war geschockt und schluckte. Dann fragte ich: »Aber wo gehen wir hin?«

»Nach Japan!«, sagte mein Vater und ich erinnerte mich, dass er mir schon oft von dem fernen Land in Asien erzählt hatte. Er sagte dann immer, dass er sich wünschte, dass auch wir Tokio mal kennenlernten, so wie er als Junge. Denn man könne die dortige Kultur fast nicht mit Worten beschreiben. »Es ist wie ein anderer Planet«, sagte er.

Also sprang ich vom Sofa hoch und rief: »Oh ja, ich freu mich! Wann geht es los?«

»Bald!«, sagte mein Vater. Mein Bruder Greg schaute skeptisch und fragte, ob wir da auch zur Schule gehen würden und ob es dort auch Pizza gäbe. Mein Vater nickte und sagte: »Ihr werdet sogar in dieselbe deutsche Schule gehen, in der ich war. Das Essen wird allerdings anders sein.«

Als der Zeitpunkt der Abreise näher rückte, flötete ich meinen Mitschülern in Barcelona zu: »Tschüss, ich komme bald wieder!« Für mich war mein Zuhause dort, wo meine Familie war. Ich weinte nicht, denn der Abschied fühlte sich nicht schlimm an. Ich dachte, dass es nicht lange dauern würde, bis wir wieder zurück nach Barcelona gingen. Na ja, das war natürlich relativ, denn am Ende wurden es sieben Jahre – und in der Zeit änderte sich für mich ganz schön viel. Ich würde nicht als derselbe Alvaro nach Barcelona zurückkehren.

Doch erst einmal freute ich mich auf das Abenteuer, das mit meinem ersten langen Flug begann. Der Flieger war total leer und ich konnte mich allein auf einer Bank ausstrecken.

Zwischendurch nervte ich meine Eltern wie alle reisenden Kinder mit der Frage: »Wann kommen wir endlich an?«

Ich schaute neugierig aus dem kleinen Flugzeugfenster und war ganz erstaunt, als Tokio in Sichtweite kam. So viele hohe Häuser! Ich sah nichts anderes als Gebäude. Ich hatte mir vorgestellt, dass Japan aus Reisfeldern bestünde, mit kleinen Holzhäusern mittendrin. Damals konnte man ja nicht alles vorab im Internet recherchieren.

Als wir mit dem Taxi gefühlt stundenlang bis zu unserer Wohnung im Stadtviertel Azabujuban fuhren, drückte ich mir weiter die Nase an der Scheibe platt. Ich sah Japaner, die als Skelett oder Kürbis verkleidet waren, und fragte meine Eltern etwas verunsichert: »Ist das normal? Müssen wir das auch anziehen?« Meine Mutter lachte und erklärte mir, dass heute doch Halloween sei.

Wir zogen in dieselbe Wohnung im zweiten Stock einer Apartmentanlage ein, in der auch mein Vater schon gelebt hatte. Mir fiel als Erstes die Hightech-Toilette mit Fernbedienung in unserem Badezimmer auf, die deinen Po duschen und trocknen konnte. Der Fön blies

aber eher wie eine leichte Mittelmeerbrise, und wer will schon stundenlang auf dem Klo hocken? Ich bezog mein eigenes Zimmer und schlief dort ganz wunderbar in meinem Hochbett ein.

Am nächsten Tag spazierte ich neugierig mit meiner Familie durch die Straßen unseres Wohnviertels. Wir lebten im Diplomatenviertel, wo viele Botschaften ihren Sitz haben und viele andere Expats lebten. Es gab keine Gehsteige. Gehweg und Fahrbahn sind in Japan oft nur durch eine weiße Linie getrennt. Mein Blick schweifte direkt zu dem geparkten Sportwagen eines Nachbarn: Der DeLorean aus rostfreiem Edelstahl mit den seitlich öffnenden Flügeltüren sah beinahe aus wie das zur

Zeitmaschine umgebaute Auto aus dem Film *Zurück in die Zukunft*. Ich musste hinrennen und neugierig reinschauen. Autos und deren Design haben mich schon von klein auf fasziniert. Fußball war nichts für mich, aber Autos und ihre verschiedenen Modelle zogen mich in ihren Bann. Wenn ich einen Film anschaue, kann ich sofort sagen, in welchem Jahr er spielt – sobald ein Auto darin auftaucht.

Die Japaner fahren fast alle so kleine, quadratische Autos, die es nur dort gibt. Sie heißen Kei-Cars und sind besonders günstig, weil der Staat sie subventioniert. Würden in Tokio alle mit so großen Schlitten wie in Amerika herumfahren, dann wäre es noch enger in der größten Metropole der Welt. Manchmal sah ich einen Ferrari parken – und er war genauso breit wie das Haus der Besitzer. Das ist typisch Tokio: Neben den vielen meisterhaft designten Hochhaus-Komplexen findet man in einer Nebenstraße plötzlich schmale, alte Holzhäuser, die schon hundert Jahre da stehen. Einer der Gründe, warum ich das Video zu meiner Single *Loca* dort drehen wollte, war dieser irre Kontrast.

Japan mit Spanien zu vergleichen, wäre gar nicht möglich, denn schnell wurde mir bewusst, dass ich in einer Bubble gelandet war. Zwar war kaum etwas so wie in Europa, aber das meiste gefiel mir, besonders die Essenskultur. Ich bin da zum Glück flexibel gewesen. Ich aß alles außer Erbsen und Zucchini. Immer wenn wir in einem Restaurant waren, liebte ich es, etwas Neues zu probieren: Ramen, Sushi und all die anderen Speisen, die man in Restaurants im Westen gar nicht findet, wie Yakiniku, das japanische Barbecue, oder Eintopfgerichte wie Sukiyaki. Und alles war immer frisch zubereitet und supergesund.

Wir lebten als spanische Familie wie eine Bubble in der großen Bubble Japan.

Wir lebten als spanische Familie wie eine Bubble in der großen Bubble Japan. Wir wurden immer freundlich behandelt und begrüßt, aber ich konnte mit niemandem richtig sprechen, und wir fielen schon allein wegen unserer Größe überall auf. Sogar meine wenigen Brocken Englisch nützten mir nichts. Und so hatte ich besonders am Anfang oft das Gefühl, etwas nicht richtig zu machen. Wahrscheinlich war das Gefühl nicht falsch.

In Japan ist es zum Beispiel üblich, oft ins Thermalbad zu gehen. Ganz Japan liegt ja in einem vulkanisch aktiven Gebiet, und deshalb gibt es überall diese natürlich heißen Quellen mit gesundheitsfördernden Mineralien. Für die viel arbeitenden Japaner ist es wie ein Kurzurlaub, einen oder auch nur einen halben Tag lang im sogenannten Onsen zu entspannen. Aber nicht ohne eine ganze Latte strenger Regeln.

Als wir das erste Mal gemeinsam dorthin gingen, mussten wir uns nach Geschlechtern trennen. Meine Schwester sollte mit meiner Mutter baden und ich mit meinem Vater und Greg. Obwohl die Kultur ansonsten eher schambesetzt ist, mussten wir uns komplett ausziehen und bekamen nur ein Mini-Tuch, so groß wie ein Waschlappen, in die Hand gedrückt. Niemand wusste, was wir damit bedecken sollten. Vorne oder hinten? Obwohl, wieso eigentlich hinten? Es hat auf jeden Fall nicht ausgereicht. Vor dem Bad startete in den offenen Gemeinschaftsduschen ein inoffizieller Wettbewerb: Wer ist perfekt sauber? Der Hauptgewinn: Ehre und Respekt. Wir schrubbten uns und sahen, wie die Japaner sich in derselben Zeit drei Mal einseifen und wieder abduschten. Wir versuchten uns gegenseitig zu überbieten, aber die Japaner schafften es, sich öfter und gründlicher zu waschen. Sie wollten sich einmal mehr waschen als wir, die Ausländer. Erst dann durften wir mit den anderen in einem der Warmwasserbecken dümpeln. Schon als ich nur einen Zeh reinhielt, fing ich an zu schwitzen. Das Wasser war 42 Grad heiß. Mein Bruder und ich tauchten in dieser Suppe unter, weil wir das so gewohnt waren. Im Schwimmbad planscht und taucht man ja als Kind. Danach war uns superschlecht und schwindelig und wir lagen in der Umkleidekabine auf unseren Handtüchern, und unsere Eltern mussten uns erst einmal Cola kaufen, damit wir durch den Zucker wieder lebendig wurden.

Ich weiß nicht, wieso. Immer wenn wir in eines der Becken stiegen, verließen die Japaner es schlagartig. Ich

fand das sehr geil, denn dann hatten wir den Pool für uns. Aber eigentlich haben wir wahrscheinlich etwas falsch gemacht. Generell fühlte ich mich wie Kung-Fu-Panda, der überall aneckt.
Bei allem mussten wir mucksmäuschenstill sein. Redeten wir zu laut, wurden wir gleich angeguckt. Viele der älteren Männer wirkten auf mich eher unfreundlich, sie drängelten sich vor und schauten dabei grimmig. Später verstand ich, dass dem Alter in Japan höchster Respekt gilt. Meine Theorie ist: Deswegen wird auch die Uhr im Sommer nicht umgestellt. So können die älteren Herrschaften wie gewohnt sehr früh aufstehen und haben dann gleich Sonnenlicht.

Für unsere Eltern war der Ortswechsel praktisch, weil sie uns sorgenfrei draußen spielen lassen konnten. In Japan wird kein Kind entführt oder verletzt. Wenn man irgendwo ein Portemonnaie voller Geld liegen lässt, dann findet man es bestimmt am nächsten Tag immer noch am selben Ort. Das wäre in Spanien undenkbar. Die einzige Gefahr war, sich zu verlaufen und dann wirklich lost zu sein. Denn selbst wenn Japaner ein paar Brocken Englisch sprechen konnten, trauten sie sich oft nicht, weil sie Angst hatten zu versagen. Dann machten sie wilde Gesten, und es war für beide Seiten sehr unangenehm. Deswegen fragte ich am Anfang nie einen Japaner irgendwas. Meine Schulfreunde brachten mir später die wichtigsten Worte bei: *Doko wa?* Wo ist?

ÜBERALL UND NIRGENDWO ZU HAUSE

Was ich auch noch aus meiner Japan-Zeit erzählen wollte: Wir haben nach einer Weile einen Labrador-Welpen adoptiert. Unser lieber Taro und ich sind oft allein in unserer Wohngegend herumspaziert. Der Name klingt so exotisch, aber das ist so, als würde man in Deutschland einen Hund Wilhelm nennen. Unser Hund hieß wie der japanische Kaiser. Einmal habe ich vergessen, so einen Hundebeutel mitzunehmen. Als Taro dann sein Geschäft in einer Ecke gemacht hatte, nur wenige Meter entfernt von unserer Wohnung, mussten wir schnell zurückrennen. Doch als ich wieder raus wollte, um Taros Haufen einzusammeln, stand schon eine Nachbarin mit einer vollen Tüte vor der Tür und schimpfte, dass alles ordentlich und sauber sein müsse. Nie im Leben könne man den Haufen einfach auf dem Boden liegen lassen. Das war auch ein sehr japanischer Moment.

3
LA VIDA ES UNA CANCIÓN*

MUSIK IST UNSERE SPRACHE

* Songzeile aus *Magia*.
Übersetzt: Das Leben ist ein Lied.

Der Geruch von Rauch ist das, woran ich mich als Erstes erinnere, wenn mich jemand fragt: Wann hast du eigentlich zum ersten Mal ein Mikrofon in der Hand gehalten? Die Antwort überrascht die meisten, denn ich erzähle, wie ich mit meinen Schulfreunden in einer kleinen Kabine in Japan saß, meine Augen schon von der Lichtorgel flimmerten und wir versuchten, diverse Ikonen des Pop und Rock zu imitieren. Ich, der Junge, der sonst kaum ein Wort herausbrachte vor Schüchternheit, gab meine ganzen Gefühle in jeden einzelnen Song, in den einen Moment, in dem Worte und Sprache egal waren, denn es ging nur um die Musik. Ich sang mir die Seele aus dem Leib und vergaß alles um mich herum. Meine Stimme war danach im Arsch, weil es auf die Dauer anstrengend wurde, ein Medley aus Backstreet Boys, Bryan Adams und Linkin Park zu singen.

Ich kann behaupten, dass ich fast meine halbe Teenagerzeit in Karaokebars verbrachte – und es war eigentlich eher eine Notlösung. In Japan gab es keine Clubs für Jugendliche und noch nicht einmal ein Bier, denn Alkohol durfte man erst ab einem Alter von 20 Jahren trinken. So kam es oft vor, dass meine Freunde vorschlugen: »Ey, lass uns Karaoke singen!« Also trafen wir uns am Samstagmittag in einer der vielen Bars in dem Stadtviertel Jiyugaoka. Da gab es Häuser mit sieben Stockwerken – voll mit Karaokekabinen. Auf dem Flur hörten wir schon die Japaner singen. Es tut mir leid, aber es klang oft megaschief, obwohl Karaoke ja eine japanische Erfindung ist. Da es in der japanischen Kultur nicht so üblich ist, sich vor anderen zu zeigen und schamlos drauflos zu singen, konnte man sich Einzelkabinen mit Karaokemaschine mieten – und sich einfach mal gehen lassen. Da quetschten wir uns gerade so zu fünft rein. Über ein Telefon bestellten wir uns Getränke, die inklusive waren. *Nomihodai* bedeutet all-you-can-drink auf Japanisch, und das klang für uns wie der spanische Ausdruck *no me jodas*. Das heißt so viel wie: »Verarsch mich nicht!« Haha!

Ich bestellte mir immer ein Soda mit Melonengeschmack. Manchmal gab es auch einen Teebrunnen, an dem man sich endlos »betrinken« konnte. Klingt uncool, aber hey, in unserer Kabine fielen auch ohne Alkohol viele Hemmungen, wir schmetterten einfach drauflos. Wir hielten jeder unser eigenes Mikro und sangen stundenlang. Dabei hüpften wir auf dem u-förmigen Sofa, das die Kabine ausfüllte, und sprangen wahlweise auf den kleinen Tisch in der Mitte. Unsere Stimmen klangen durch den Echo-Effekt alle viel besser als sonst. Und am Ende taten nicht nur unsere Stimmbänder weh und wir hatten ein Fiepen im Ohr, sondern unsere Bäuche schmerzten vom ausgelassenen Lachen.

In Japan sind wie gesagt sehr viele Menschen schüchtern. Aber ich war das ja auch. Deswegen passte so ein Raum perfekt für mich. Ich konnte mit meinen Kumpels singen und musste keine Rampensau sein. In eine Karaokebar, wo man allein vor allen auf einer Bühne steht, hätte ich mich nie getraut. Ich versteckte mich lieber im Hintergrund.

Aber ab und zu fiel ich doch auf und wurde von den anderen dafür gelobt, dass ich die Töne traf und es gar nicht schlecht klang. Ich dachte: Krass, dann kann ich ja vielleicht doch singen? Diese Aussicht motivierte mich, weiter zu üben. Denn das macht bekanntlich den Meister.

Im Teenageralter will man ja cool sein. Natürlich hoffte ich auch, ein paar Mädchen aus meiner Klasse zu beeindrucken. Leider war ich tollpatschig wie Goofy, hatte so komisch lange Haare, trug immer uncoole Hoodies und viel zu große Jeans. Damals dachte ich aber, das sei ein genialer Look. Ich interessierte mich für Computerspiele und ging mit meinen Kumpels skaten. Die Mädchen fanden mich damals langweilig, glaube ich. Beim Karaoke konnte ich mein Ding machen und auch das ausdrücken, was mich im Herzen bewegte. Und es war damals nichts Verrücktes, sondern normal – in Japan zumindest.

Beim Karaoke konnte ich mein Ding machen und auch das ausdrücken, was mich im Herzen bewegte.

Nach dem Wochenende habe ich mich immer auf die Schule gefreut. Tja, das mag etwas ungewöhnlich klingen, aber dort traf ich Gleichgesinnte: Kinder von binationalen Eltern oder von Diplomaten, die auch viele Sprachen und Kulturen kannten. Übrigens waren das auch Kinder von den Freunden meines Vaters, mit denen er zur Schule gegangen war.

Wir alle mochten es, kreativ zu kommunizieren. Damit meine ich, zwischen den Sprachen zu switchen und dabei eine gemeinsame Sprache zu finden. Ich musste mich nicht erklären und gehörte dazu – egal, wo ich herkam. So lernte ich Japanisch vor allem, wenn ich mit den Mitschülern auf dem Schulhof abhing, meist durch Redewendungen, die zu unserem Leben passten. Ich wusste bald, was man sagt, wenn man keinen Bock mehr hat oder einem arschkalt ist. Besonders lustig fand ich, dass die Japaner, wenn sie sich wehtun, nicht »Aua!« sagen, sondern *Itai!* Aber die japanischen Kinder fanden natürlich auch lustig, dass wir »Aua!« sagen.

In meiner Freizeit skatete ich mit den Nachbarskindern aus Amerika und England auf einem kleinen Hang an unserer Straße. Dabei übte ich sozusagen spielerisch die wichtigsten englischen Worte und vor allem deren korrekte Aussprache. So lernte ich Sprachen mitten aus dem Leben.

Und dann gab es Momente, in denen die Unterschiede und Kommunikationsprobleme gar nicht ins Gewicht fielen, zum Beispiel im Schulchor – meinem Höhepunkt der Schulwoche.

Ich war immer der Erste im Raum und freute mich, den besonders gut gelaunten Musiklehrer Herrn Naji zu sehen, der die Chor-AG betreute. Alle, die immer beim Karaoke dabei waren, meldeten sich an. Es konnten nicht alle singen, aber das war egal, denn es ging um den Spaß.

Während der zwei Jahre im Chor habe ich Harmonien gelernt, ohne alle Noten lesen zu können. Ich war kein Naturtalent. Zurückblickend war es megaschwierig, weil ich andere Noten singen musste als mein Nebenmann. Da wird man superleicht abgelenkt. Wie beim Kanon.

Durch das viele Üben habe ich aber das Gefühl dafür bis heute so intus, dass ich es genauso wie Radfahren niemals verlernen werde. Dafür bin ich dem Lehrer von damals sehr dankbar. Auf jeden Fall habe ich auch allen in meinem Team bei »The Voice Kids« als Coach gesagt, dass sie in den Schulchor gehen sollen, um ihr musikalisches Gehör zu trainieren. Oder bei einer Band mitspielen, um ganz viel zu üben.

Aber ich erinnere mich noch, dass ich in dem Moment einfach happy war, dass ich Musik machen konnte. Und darum geht es.

Ich habe später mit meiner Klasse in Japan auch eine Schulband gegründet. Jeder hat sich an einem Instrument versucht. Ich habe zuerst Drums gespielt und hatte mit *Let it be* im Alter von dreizehn Jahren meine erste Performance vor den Eltern. Heute schaue ich mir das Video lachend an und denke: Wer ist denn dieser unsichere Junge an den

Drums? Aber ich erinnere mich noch, dass ich in dem Moment einfach happy war, dass ich Musik machen konnte. Und darum geht es.

Es war manchmal etwas anstrengend an der Schule, weil viele Kinder nur ein oder zwei Jahre blieben und dann wieder gingen und neue dazukamen, aus Österreich, Deutschland oder der Schweiz. Ich fragte die Neulinge immer: »Spielst du Gitarre oder ein anderes Instrument? Dann komm doch in die Schulband!« Ich dachte, das ist ein guter Weg, um schnell Anschluss zu finden. Ich habe es mir damals nicht bewusst gemacht, aber heute ist mir klar: Musik war unsere gemeinsame Sprache. Für mich war das normal, aber es war etwas Besonderes.

Mir wurde die Musik immer wichtiger und ich erinnerte mich, dass ich schon mit meiner belgischen Oma, die ich immer Bomma* nannte, Klavier gespielt hatte. Mit ihr habe ich den Flohwalzer gelernt – was man eben so als Anfänger klimpert, um schnell ein Erfolgserlebnis zu haben.

So wünschte ich mir von meinen Eltern für zu Hause ein eigenes E-Piano, das problemlos in mein kleines Zimmer passte. Meine Eltern spielten keine Instrumente, aber natürlich mochten sie Musik. Die schönsten Musikmomente, an die ich mich erinnere, waren,

---

* Spricht man Bu-ma aus und ist flämisch für Oma.

MUSIK IST UNSERE SPRACHE

wenn wir im Auto alle zusammen die Hits von Elton John laut mitsangen. Dass sie mir kein Instrument beibringen konnten, störte mich nicht. Ich beschloss, das Klavierspielen selbst zu lernen. Oder besser gesagt: Das Klavier hat mir gezeigt, wie es geht.

Mein erstes Stück war *Für Elise* von Beethoven. Es gab einen Screen, auf dem ich sehen konnte, was ich mit der linken Hand, mit der rechten und schließlich mit beiden Händen machen musste. Erst als ich den Song richtig beherrschte, bekam ich den nächsten angezeigt: den *Radetzky-Marsch* von Johann Strauss. So ähnlich wie bei einem Computerspiel, bei dem man das nächste Level erreicht. Meine Technik ist bis heute schlecht, aber hey, ich kann Klavier spielen.

Ich erinnere mich noch sehr gut daran, wie unser Musiklehrer in Japan einmal während unseres Unterrichts vorschlug: »Lasst uns einen eigenen Song schreiben!« Ich war sofort total aufgeregt und fragte: »Wie macht man denn das?«

Er fragte zurück: »Wer hat einen Akkord für mich?« Dann schlug er sein MacBook auf. Ich dachte, dass er etwas überschnappt und uns verarschen will. Songschreiben war für mich etwas, was man mit der Gitarre oder auf dem Klavier macht. Während man Töne ausprobiert, schreibt man sich Noten und Texte in ein kleines Notizbuch, dachte ich.

Aber er öffnete das Programm *Logic* auf dem Mac und nahm mit seinem Piano Akkorde auf – und das, was wir uns ausdachten: Ein Mitschüler hat gerappt und war erkältet, das klang total nasal, jemand anderes summte etwas. Es klang erst superchaotisch. Ich habe mir die Chorus-Akkorde ausgedacht, und am Ende hatten wir tatsächlich einen fertigen Song, bei dem ich die Strophe gesungen habe. Er hieß *Show me your tears, Mama*. Der Titel kam nicht von mir. Das klingt ja sehr depressiv, es hat aber wirklich Spaß gemacht. Dieser Moment hat sich bei mir für immer eingebrannt: Aha, so leicht und mit viel Freude kann man einen Song schreiben! Und er kann sogar einen traurigen Titel haben und trotzdem fröhlich klingen.

Die Stunde war für mich viel zu schnell zu Ende, noch bevor der Song fertig war. Das hat mich wahnsinnig gemacht. Zwei Tage später sagte ich auf dem Schulhof zu zwei meiner Freundinnen, die schöne Stimmen hatten: »Das geht nicht. Ich muss den Song fertig machen. Lasst uns den noch mal aufnehmen und bearbeiten.« Am Ende hat der Lehrer sogar mit uns Überstunden gemacht, um den Song in *Logic* fertigzustellen. Endlich konnte ich wieder ruhig schlafen.

Von dem Moment an dachte ich: Ich brauche dieses Programm! »Wie viel kostet das?«, fragte ich meinen Lehrer. Der sagte, es koste so umgerechnet 600 Euro.

»Was?!« Ich war schockiert. »Das ist zu viel!«

Das konnte ich mir nicht leisten. Ich vernachlässigte meine Playstation, und mein Computer bekam meine volle Aufmerksamkeit, oder besser gesagt die bereits vorinstallierte Software *GarageBand*. Das ist eine Anfängerversion von *Logic,* die nicht ausreicht auf Dauer, aber für mich die Rettung war. Ich brauchte nur ein Kabel, um das E-Piano mit meinem Mac zu verbinden. Als es Klick machte und alles verbunden war, fühlte sich das für mich wie eine Startzündung an. Ich war on fire. Ich konnte meine eigene Musik produzieren, in meinem Kinderzimmer!

Und so saß ich stundenlang auf meinem Holzstuhl vor dem Rechner und wurde meine eigene Band. Meine Eltern haben ab und zu mal den Kopf durch den Türrahmen gesteckt, um nach mir zu sehen. Aber ich war nicht zu bremsen. Ich nahm dort Gitarren, Bass und Drums in verschiedenen Ebenen mit meinem Piano auf. Ich habe sogar auf die fertige Musik drauf gesungen. Dafür habe ich mich so nah wie möglich an die Seite des Mac gedreht, wo das Mikrofon eingebaut ist, und direkt reingesungen. Das hat natürlich komisch ausgesehen und genauso geklungen, aber ich habe später so lange daran getüftelt, bis der Sound technisch ausgesteuert war. Den fertigen Song dann anzuhören, gab mir einen Moment von grenzenloser Freiheit.

Den fertigen Song dann anzuhören, gab mir einen Moment von grenzenloser Freiheit.

Als Kind träumte ich eigentlich davon, Videogamedesigner zu werden. In meiner kindlichen Vorstellung wollte ich ein Spiel erschaffen, um mein Heimweh nach Spanien zu durchbrechen. Mich nervte die Begrenztheit in herkömmlichen Videospielen. Es ging immer nur darum, den Endgegner zu besiegen – ich träumte davon, mich zumindest im Digitalen spielend und grenzenlos zwischen den Kulturen zu bewegen.

Auch wenn es mir in Tokio gefiel, fehlten mir meine Freunde und Verwandten in Barcelona, die ich nur in den Sommerferien sehen konnte. Ich vermisste die spanische Lebensart, die sich für mich in den Gesten, der Lebensfreude und der geselligen Essenskultur ausdrückt. Niemand sprach in Japan natürlich Spanisch auf der Straße oder nahm sich die Zeit, einfach nur die Sonne zu genießen. Mir fehlte auch das Meer, das von Barcelona nie weit weg liegt. Japan ist zwar eine Insel, aber Tokio besteht nur aus Großstadtdschungel, in dem es im Sommer drückend heiß wird.

Die eigene Vorstellungskraft allein ist das Limit.

Aber ich hatte nie richtig lange Heimweh, denn ich war dort glücklich, wo meine Familie war. Das ist ja auch in dem Alter normal. Solange wir in dieser neuen Welt zusammenhielten, war alles gut. Das Limit sind du und dein Kopf, dachte ich. Bei der Musik gab es das nicht. Die eigene Vorstellungskraft allein ist das Limit.

Ich konnte mich immer besser mit Musik ausdrücken als mit Wörtern. Irgendwann war das Songschreiben für mich das beste Gefühl. Es blieb verlässlich und ganz automatisch wie ein Flow da und fühlte sich einfach nur genial an, es berührte mich, und ich dachte: Wie krass ist das denn? Es war mir egal, ob der Song später cool wurde oder nicht, denn ich hatte so viel Spaß beim Experimentieren. Ich habe im Zimmer getanzt. Oder besser: Ich bin ausgelassen herumgesprungen. Ich habe die grenzenlose Reise durch die Kreativität gefeiert, und sie hat mich an Orte gebracht, die ich sonst nicht kennengelernt hätte. Ich fühlte mich fast wie ein Selbstversorger für Freude. Denn je mehr Spaß ich hatte, umso mehr konnte ich auch wieder davon in die Musik stecken und umso mehr kam dann am Ende raus. Es war ein positiver Energie-Zyklus, den ich mir selbst erschaffen hatte.

Ich fühlte mich fast wie ein Selbstversorger für Freude.

Manchmal kam ich mir beim Songschreiben natürlich schon vor wie ein Nerd. Aber wenn mich etwas gepackt hat, dann gehe ich tief rein und lasse nicht locker. Und dann ist es mir egal, was andere von mir denken und wie sie mich bewerten. In dem Moment bin ich frei. Auch frei von diesen Labels wie »Nerd«. Das Komponieren entstand nicht aus einem Leiden oder einem Druck. Meine Eltern hatten auch nie gesagt: »Nun lern doch mal ein Instrument.« In diesem Moment war für mich Musik einfach Spaß, Gefühle haben. Ich erschuf mir eine eigene Welt. Und dort fiel es mir nicht schwer, so zu sein und zu fühlen, wie und wer ich wirklich bin.

Ich musste an meine deutsche Künstlerinnen-Oma denken, die ich Nene nannte. Das kommt von Nenek, dem indonesischen Wort für Großmutter. Nene hat mich immer bestärkt und mir oft gesagt, wie besonders ich sei und wie kreativ. Ich dachte, dass Omas immer so viele nette Worte zu ihren Enkeln sagen. Und meine Mutter meinte auch: Natürlich bist du etwas Besonderes! Doch heute, wenn ich an ihre liebevollen Worte denke, bin ich sehr dankbar für das Gefühl, das sie mir gegeben hat. Sie hat immer an mich geglaubt.

Meine Oma meditierte schon, als das in Europa noch kaum jemand tat. Und sie lud supergern alle zu sich nach Hause ein: vom Bäcker bis zur Nachbarin. Ich sehe sie noch genau vor mir: Sie trug immer bunte Kleider und ganz viel Schmuck. Klimpernde Bernstein-Ketten, Ringe und Armbänder. Wenn sie mich umarmt hat, drückten immer irgendwelche Steine in mein Gesicht. Sie malte auch fantastische Bilder. Meine Oma hat mich gezeichnet, als ich fünf Jahre alt war. Ich schaue das Bild immer noch gern an, weil es so viel Liebe ausstrahlt. Ich spüre den Blick, mit dem mich meine Oma sah, eben

als jemand Besonderes, und wie sie dies auf dem Papier für immer festgehalten hat – nur das Kinn sieht mit dem markanten Grübchen etwas zu sehr nach Michael Jackson aus.

Mein deutscher Opa verstarb leider, bevor wir nach Japan gingen, und kurz darauf auch meine deutsche Oma. Ich vermisse die beiden sehr und ich wünschte, besonders meine Nene könnte sehen, was mittlerweile aus dem kleinen Alvaro geworden ist, dass ich meine eigenen Songs schreibe. Und dass ich auch male. Ich kann nicht so gut zeichnen wie Nene, ich experimentiere eher abstrakt mit Farben und Formen. Nur für mich, wenn ich mal Zeit habe. Ab und zu meditiere ich auch, wie sie damals. Und ich kann sie nun noch besser verstehen, auch, warum sie mich ermutigen wollte, einfach so zu sein, wie ich bin. Dann ist es nun wirklich egal, wo man herkommt und wo man lebt. Die Grenzen sind auch da nur im Kopf. Ich bin wie sie ein Freigeist, der es liebt, kreativ zu sein. Ich wünschte, ich könnte ihr alles zeigen. Ich stelle mir vor, sie wäre dann stolz auf mich. Sie würde mich verstehen.

Während ich diese Sätze schreibe, laufen mir die Tränen die Wangen hinunter, was etwas ungewöhnlich ist für mich. Mit der Musik und Kunst fällt es mir leicht, Gefühle zu spüren und auszudrücken. Im Alltag ist das anders. Lange konnte ich nicht vor anderen weinen. Bis heute arbeite ich daran, mich mit allen meinen Gefühlen zu zeigen und sichtbar zu machen. Manchmal kann ich

trotzdem in der Situation nicht alles ausdrücken, weil ich eher ein ruhiges Temperament habe. Meine spanischen Freunde fragen mich ab und zu: »Hallo, was geht jetzt in dir vor? Was fühlst du?« In Deutschland zeigt man die Gefühle nicht so oft oder spricht darüber. Mit Spaniern erlebt man die ganze Zeit einen kollektiven Gefühlsausbruch nach dem anderen. Ich bewege mich irgendwo dazwischen.

Aber ich bin schon einen großen Schritt gegangen, wenn ich mir den schüchternen Jungen anschaue, der Karaoke sang und langsam aufblühte. Es war sehr wichtig für mich, mich selbst erst mal in einem kleinen Rahmen zu erleben und für mich auszuprobieren. Die Kreativität hat mir so viel gegeben, dass ich immer weiter gewachsen bin.

Leider werden wir in unserer Gesellschaft oft bewertet, und man macht sich auch verletzlich, wenn man sich öffnet. Aber Verletzlichkeit ist eine Stärke, denn ich stehe dann selbstbewusst zu mir – mit allen Schwächen. Verletzlichkeit macht authentisch, und so können mich die anderen sehen, wie ich bin. Ich fühle mich dann lebendig, weil ich ehrlich zu mir selbst bin – oder es zumindest versuche. Und es kommen die passenden Menschen in mein Leben, weil sie mich als Gleichgesinnten erkennen.

> *Aber Verletzlichkeit ist eine Stärke, denn ich stehe dann selbstbewusst zu mir – mit allen Schwächen.*

Ich finde, dass alle angstfrei ihre Gefühle zeigen sollten. Jeder darf seinen Karaoke-Moment haben. Natürlich ist das nicht immer einfach. Man kann sich nicht von null auf hundert öffnen. Manchen Menschen fällt es schwerer, anderen leichter. Und es geht auch darum, seine Grenzen zu kennen und diese zu setzen. Du musst nicht immer offen sein und alles geben und zeigen. Aber wenn du das Gefühl hast, es tut dir gut, dann trau dich!

Ich arbeite da bis heute dran, und es ist okay. Jeder von uns hat Naturtalente, und andere darf man noch lernen. Die Menschen, die am Ende mit sich selbst gut klarkommen und Selbstbewusstsein haben, die arbeiten an sich. Egal wie. Indem man Fehler macht, auch mal mutig ist. Offen ist für Therapie. Es braucht auf jeden Fall ein gutes Umfeld und Menschen, die einem ehrlich ihre Meinung sagen, ohne verletzend zu sein. Ich bin sehr dankbar, beides zu haben. Diese Menschen sind für mich meine Freunde aus der Uni, die mich noch ohne Bart kennen, und die den ganzen Prozess des Bekanntwerdens miterlebt haben. Oder auch meine Familie. Mit meiner Schwester Paula habe ich eine ganz besondere Beziehung, weil wir gefühlt dieselbe Person sind, nur eben zu einem anderen Zeitpunkt geboren. Wir tanken uns gegenseitig mit Energie auf, wenn wir welche brauchen. Sie hat immer ein Ohr für mich. Ich liebe sie.

Ich habe das Gefühl, dass wir drei Geschwister immer verbunden sind, egal wie weit wir voneinander entfernt sind. So als ob wir ein Lied improvisieren würden, jeder kennt seine Stimme, und es harmoniert perfekt, ohne dass wir es planen oder proben.

4

DICEN QUE TÚ
NO ERES DE AQUÍ*

AUS EINER KRISE
WACHSEN

* Songzeile aus Alma de luz.
Übersetzt: Sie sagen, du bist nicht von hier.

Wie? Was? Schon nächste Woche?«, fragten mich meine Mitschüler, als ich ihnen sagte, dass ich zurück nach Barcelona ziehe. Ich war selbst überrascht, aber damals bin ich mit der Entscheidung einfach mitgegangen. Doch nach einer Zeit habe ich schon festgestellt, dass mich der Umzug auch traurig gemacht hat: all die Jahre in Japan und die Freunde zurückzulassen.

Der Arbeitsvertrag meines Vaters in Tokio endete, und meine Eltern entschieden, dass wir wieder in Spanien leben würden. Ich musste schon als Erster zurück, um noch im Dezember den Anschluss an die 11. Klasse an der deutschen Schule in Barcelona zu bekommen. Im Januar wäre ich da nicht mehr reingekommen und quasi sitzen geblieben. Also sollte ich so lange bei einem Kumpel von mir wohnen, bis wieder alle zurück in Barcelona wären. Puh, das kam alles ganz schön schnell für mich, und ich hatte gar keine Zeit, richtig darüber nachzudenken, was das eigentlich bedeutete. In dem Moment kam ich mit meinen Gefühlen noch nicht hinterher.

So packte ich in Japan kopflos meine Koffer. Es war schon ein mulmiges Gefühl, so allein in das Flugzeug zu steigen. Schließlich waren wir hier gemeinsam gelandet.

Doch immerhin reiste ich mit meinem MacBook und wusste, so lange ich Musik machen kann, bin ich nicht allein. Ich hatte mir versprochen, wenn irgendetwas passiert, habe ich immer noch die Musik im Gepäck. Das gab mir Sicherheit.

Als ich in Barcelona ausstieg, war es ein wunderbares Gefühl, überall Spanisch zu hören und lebendig gestikulierende Menschen zu sehen. Mein Herz freut sich heute noch jedes Mal, wenn ich nach einer Weile wieder nach Spanien komme. Ich liebe einfach die allgemeine Offenheit und das Temperament der Menschen.

Aber dann wieder in dieselbe Klasse zu gehen, die ich vor sieben Jahren verlassen hatte, fühlte sich sonderbar an. Ich spazierte fröhlich in den Klassenraum und begrüßte meine ganzen alten Freunde aus der Grundschulzeit. In Spanien ist es üblich, dass die Klassen bis zum Abschluss zusammenbleiben. Aber ich war während meiner Zeit in Japan nicht nur einige Zentimeter gewachsen, ich hatte mich verändert. Es muss in etwa ähnlich sein, wenn Menschen von einer Weltreise zurückkommen, nachdem sie mit so vielen anderen Menschen neue Sprachen gesprochen haben, an allen Ecken auf den Geschmack für neues Essen gekommen sind und ganz andere Luft geatmet haben. Ich habe mich gefühlt, als wäre ich in eine Zeitmaschine gestiegen. Mit dem Koffer voller Inspirationen, Eindrücke und Erfahrungen aus einer anderen Welt kommt man dann zurück – und dort ist fast alles beim Alten geblieben. Was ja auch gut ist, aber erst einmal auch merk-

> *Ich habe mich gefühlt, als wäre ich in eine Zeitmaschine gestiegen.*

würdig für denjenigen, der so viel Neues erlebt hat. Irgendwie passte ich nicht mehr rein, auch wenn ich dazugehörte. Und da erwischte mich plötzlich die Traurigkeit.

In der Schule fehlte mir auch meine Band. Ich entschied mich, Musik als Fach abzuwählen (ja, wirklich!), weil ich dachte, ich studiere nach der Schule Design, und dafür wollte ich lieber Kunstunterricht bis zum Abi machen.

Aber zuerst habe ich mir sowieso gedacht: Egal! Keiner will mit mir Musik machen? Okay, dann wird eben gefeiert und Party gemacht! Und so kam es auch: Jeden Freitag nach der Schule ging es los. Wir trafen uns in einer der vielen belebten Bars in Barcelona, tranken ein Bier nach dem anderen und gingen dann in den bekannten Club Razzmatazz, um zu tanzen, als ob es kein Morgen gäbe. Der Club hatte drei verschiedene Räume: einen mit Techno, einen mit Hip-Hop und einen mit Electronic Dance Musik.

Samstags haben wir uns erholt und sind abends dann wieder los, in verrauchte Clubs, bis wir alle total betrunken und fertig waren. Dann nahmen wir die erste Bahn nach Hause, waren den ganzen Sonntag verkatert und haben nur gechillt. Und am Montag mussten wir total übermüdet wieder in die Schule. Normal für einen Teenager! Nach einer Weile dachte ich aber: Krass, was mache ich da eigentlich? Ich war das einfach so gar nicht gewohnt. In Japan konnte man ja wie gesagt nicht in Clubs gehen. Wir haben ab und zu mal eine Hausparty gemacht, aber das war natürlich nicht dasselbe, denn alle hielten sich eher respektvoll zurück, weil man keinen Ärger mit den Eltern riskieren wollte. Und irgendwann kurz vor Mitternacht schmissen die dann alle Gäste raus, weil es ihnen zu bunt wurde. Es war lustig, aber natürlich kein Vergleich mit einer Tour durch die Discos und Clubs in einer lässigen Metropole wie Barcelona. Dort bekommt man easy überall ein Bier – oder mehr. Wir waren alle total besoffen. Und ich beobachtete auch, wie meine Freunde offensiv mit den Mitschülerinnen flirteten. Das gab es in Japan nicht, deswegen kam es mir so krass vor. Die wenigen Mädchen, für die ich mich an meiner deutschen Schule interessierte, waren immer schnell an andere vergeben. Ich landete oft in der friendzone, weil die Mädchen wohl dachten: Alvaro ist jemand, den man irgendwann mal heiratet, weil er so verlässlich und nice ist. Aber sonst ist er zu still und langweilig. Tja, Japan war wohl nicht der beste Ort, um seine Pubertät zu erleben.

Ich fühlte mich mit 17 Jahren plötzlich so unschuldig, als ich in einem verrauchten Club in Barcelona stand und um mich herum alle grölten oder knutschten. Auf einen Schlag wurde mir wieder bewusst: Ich bin in einer Bubble aufgewachsen, an einem beschützten Ort, abgeschirmt von so Vielem. Das hat mich anfangs echt abgefuckt.

Ich werde heute noch oft gefragt: »War es nicht ein Kulturschock für dich, nach Japan zu gehen?« Nein, das war genau andersherum. Damals war ich noch zu klein, die Veränderung durch den Umzug wahrzunehmen. Jetzt, zurück in Spanien, erhielt ich eine soziale Ohrfeige nach der anderen: Jeder guckte gefühlt zuerst auf sich selbst. Mir fiel das natürlich so extrem auf, weil es in Japan das genaue Gegenteil ist. Da geht es immer als Erstes darum, wie es den anderen geht. In Barcelona musste ich plötzlich wieder aufpassen, dass mir nichts aus meinem Rucksack geklaut wurde und dass ich nicht in zu dunkle Gassen geriet.

Manchmal frage ich mich wirklich: Wie wäre ich, wenn ich meine Kindheit und einen Teil meiner Jugend nicht in Japan verbracht hätte? Wäre ich dann heutzutage weniger höflich und gutherzig? Also, fast schon zu gut! Meine Tourmanagerin sagt manchmal zu mir: »Du darfst ruhig mehr Arschloch sein! Sonst wirst du ausgenutzt!« Und das stimmt. Man kann nicht immer nett sein, früher oder später tanzen die Leute einem auf der Nase herum. Aber damals konnte ich nicht anders und heute manchmal auch nicht. Es ist einfach so in mir drin. Ich kann schwer Nein sagen, wenn mich jemand um einen Gefallen bittet, auch wenn ich eigentlich keine Zeit habe.

»War es nicht ein Kulturschock für dich, nach Japan zu gehen?« Nein, das war genau andersherum.

Ich war also in der spanischen Schule sehr ruhig und nett. Natürlich konnte ich so nicht einer der Coolen sein, die mit ihren Motorrädern laut durch die Straßen knatterten. Meine Eltern haben mir das eh verboten, weil sie Angst hatten, dass mir etwas passiert. Aber ich habe mich mit jedem gut verstanden, denn an mir gab es einfach gar nichts, wofür man mich hätte hassen oder mobben können. Ich war ein Normalo, immer respektvoll, freundlich und fröhlich. Trotzdem habe ich mich ausgeschlossen gefühlt, denn es hatten sich längst Gruppen gebildet. Wenn ich in der Pause auf dem Schulhof stand, wusste ich nicht, wohin. Das war für mich schmerzhaft, aber ich ließ mir nichts anmerken und wurde so irgendwie neutral. Es gab die Coolen, die in der Ecke heimlich rauchten, und es gab die Streber. Ich habe nirgendwo und überall hineingepasst. Aber es ist im Grunde auch nicht mein Ding, mich anzupassen. Ich wollte ich selbst bleiben können. Ich war zwar mit meinen eigenen Sachen speziell, aber nicht so ein Computerfreak oder Mathe-Streber. Ich skatete und konnte lässig wirken, aber ich war auch nicht wirklich konsequent hip und cool. Es war sowieso nicht so einfach, als der Neue in einer der Gruppen aufgenommen zu werden. Dabei war ich ja gar nicht neu, sondern nur wieder da. So ist eine normale Schule eben: aufgeteilt. Und das war für mich komisch. Als ich in Japan an der international gemischten Schule ankam, standen alle Türen für mich offen. Ich musste mich gar nicht entscheiden, wohin ich gehören wollte. Es kamen laufend neue Kinder dazu, andere gingen. Alle fanden immer Anschluss – egal, wie sie drauf waren oder woher sie kamen. Wir suchten nicht so sehr nach den Unterschieden, sondern eher nach dem, was uns verband.

Es war egal, wenn mir mal ein deutsches oder japanisches Wort nicht einfiel. Später in der Uni wurde ich ausgelacht, wenn ich nach Worten suchte oder wenn ich fast akzentfrei Englisch sprach, als würde ich angeben wollen. Da dachte ich: Was soll das? Kann ich überhaupt etwas richtig machen? In meiner Welt ist es normal, viele Sprachen zu sprechen, und es ist egal, wie gut oder schlecht das klingt.

Diese Zeit war für mich nicht einfach, denn zum ersten Mal hatte ich eben dieses blöde Gefühl, nicht dazuzugehören. Und das in dem Land, in dem ich geboren wurde! Ich kam darauf nicht klar. Es machte einfach keinen Sinn.

So hing ich ein bisschen mit meinen Freunden ab, die auch skateten. Aber wenn sie sich bekifften, ging ich meist nach Hause, um allein Musik zu machen. Sie interessierten sich nicht fürs Songschreiben oder für Instrumente, und ich hatte keine Lust auf Kiffen. Im Jahrgang meines Bruders waren die Mitschüler viel musikalischer. Es gab sogar zwei Bands, aber ich habe mich nicht getraut, da einfach hinzulatschen und zu fragen: »Ey, kann ich bei euch mitmachen?«

Und so verbrachte ich immer mehr Abende und Wochenenden bei mir zu Hause. Statt bis vier Uhr morgens Party zu machen, beschäftigte ich mich mit mir selbst.. Meine Welt reduzierte sich auf mein Zimmer in unserer Wohnung in Barcelona. Bald kannte ich alle Tutorials auf YouTube, die irgendetwas mit Songschreiben zu tun hatten. Eine Freundin von mir hat zu meinem großen Glück das tolle, aber teure Computerprogramm *Logic* zum Geburtstag geschenkt bekommen. Sie gab es mir weiter, und ich durfte es endlich auf meinem Computer installieren. Ich bin sehr dankbar, dass ich das kostenlos bekommen konnte. Denn ich hatte damals gar kein Geld.

Genau zu unserer Rückkehr im Jahr 2007 brach in Spanien die Wirtschaftskrise aus. Viele Spanier wurden arbeitslos. Allein in der Baubranche wurden fast eine Million Jobs gestrichen. Mein Vater konnte deshalb nicht sofort eine neue Arbeit in Barcelona finden. Sein Vertrag in Japan war ja ausgelaufen, und er hätte noch in China oder Hongkong arbeiten können, aber er wollte auch, dass wir wieder in Spanien lebten, in unserer eigentlichen Heimat. Und dafür bin ich ihm – trotz meiner Eingewöhnungsschwierigkeiten – bis heute sehr dankbar. Mein Vater hatte nicht vorhersehen können, dass er plötzlich keinen Job bekommen würde. Für mich war es nicht leicht, das so mitzuerleben.

Lange fühlte ich mich irgendwie verantwortlich und wollte helfen, aber was hätte ich tun sollen? Ich bin der Sohn. Das Einzige, was mir gegen die konstant schlechten Nachrichten und die miese Stimmung einfiel, war, happy Vibes zu verbreiten. Aber das war natürlich auf die Dauer schwierig, denn niemand kann immer nur fröhlich sein. Ich machte immer ein happy Face und unterdrückte dabei alle anderen Gefühle in mir.

Meine Mutter hingegen hat sich neu erfunden. In Japan war es fast unmöglich für sie, Arbeit zu finden, weil das für Ausländerinnen generell nicht so einfach ist, und schließlich hat sie uns drei Geschwister versorgt. Meine Mutter ist eigentlich Innenarchitektin, sie konnte aber auch immer sehr gut kochen und hat sich viel von der asiatischen Kochkunst selbst beigebracht. Dazu gab sie in Barcelona nun Kurse, was ich echt mutig und originell fand. Es war in Spanien damals noch sehr neu, asiatisch zu kochen, und es gab nur ganz wenige Restaurants mit japanischen Speisen. Also mussten wir jeden Donnerstag in unserem Zimmer essen, weil sie in der Wohnküche ihren Gästen erklärte, wie man Sushi macht.

Wir hatten aber erst viel weniger Geld als in Japan, und auch das war für mich eine neue Situation. Es ist bis heute so, dass die Lebensqualität in Spanien hoch ist, aber man verdient im Durchschnitt viel weniger als in Deutschland. Dabei sind die Kosten für die Miete in Barcelona in etwa so hoch wie in Berlin. Oder höher.

In dem ganzen Chaos musste ich mich selbst finden. Ich wusste ganz klar, entweder zieht mich das alles runter oder ich lerne, damit zu leben. Auf keinen Fall wollte ich eine zusätzliche Belastung für die Familie sein. Ich überlegte, was ich gern studieren wollte. Ich wusste gleich, dass es etwas Kreatives sein sollte, am liebsten etwas mit Design. Ich hätte natürlich auch etwas mit Musik machen können, aber darüber habe ich ganz ehrlich nicht nachgedacht. Ich steckte damals nicht in dem Dilemma: Eigentlich will ich Musiker sein, aber ich mache etwas anderes. Ich war eher realistisch und kannte ja auch niemanden, der Musik machte und davon lebte. Der Traum wirkte so weit weg. Design fand ich ja auch spannend. Und so schrieb ich mich für Industriedesign an der katalanischen Uni Elisava ein.

In Spanien ist es üblich, dass man während des Studiums zu Hause wohnt. Vor allem, weil man bis dahin noch kein Geld hat, um auszuziehen. Und so blieb ich eng mit meiner Familie zusammen. Die Musik war damals für mich vor allem eine Flucht, wenn die Stimmung mal nicht so gut war.

Die Musik war damals für mich vor allem eine Flucht, wenn die Stimmung mal nicht so gut war.

Ich war etwas durchgeknallt und hatte damals eine Obsession für den Film *High School Musical*. Ich schaute ihn so oft ich konnte. Das war für mich wie *Grease* für die Generation meiner Eltern. Ich wollte so sein wie die Filmfigur Troy Bolton, weil er so geil gesungen hat und so eine mitreißende Art hatte. Hoffentlich kann ich es schaffen, mit meiner Musik so viel Erfolg zu haben wie der Darsteller Zac Efron, dachte ich insgeheim. Voll naiv von mir. Ich versuchte, alles nachzusingen, stellte aber bald fest: Boah, die Töne sind superhoch. Dasselbe passierte mir auch mit Adam Levine von Maroon 5.

Später hörte ich den halben Tag John Mayer, von dem ich indirekt Gitarre gelernt habe. Ich habe meinen Stil gefunden, als ich versuchte, wie er zu spielen. Er hat jahrelang in seinem Zimmer nur für sich Gitarre geübt, bis er es konnte. Dafür spielt er jetzt wie ein Gott. Und singt noch dazu verrückt gut und kann super Songs schreiben.

Wenn man Songs von anderen lernt, bekommt man neuen Input. Ich habe Songs von Künstlern angehört und daraufhin die verschiedenen Facetten und Techniken kennengelernt. Durch Norah Jones und ihre Songs habe ich zum Beispiel auf dem Klavier jazzige Akkorde geübt. Zuerst wollte ich immer, dass es bei mir so klingt wie bei den anderen. Daher imitierte ich zum Beispiel die raue Stimme von Nick Carter von den Backstreet Boys. Ein bisschen von der kratzigen Stimme ist geblieben. Aber es hört sich dennoch ganz anders an. Oder ich sang Songs von meinem Idol Phil Collins. Damals habe ich nicht im Traum daran gedacht, dass ich ihn einmal treffen würde.

Und so nehme ich immer mal einen bestimmten Akkord oder eine Technik in meine eigene Musik auf – aber es klingt wieder völlig neu, weil ich meinen Stil dazu mixe. Es ist mein Prozess, meine eigene Musiksprache zu finden und immer wieder weiterzuentwickeln. Bis heute mache ich das so, ich lerne einen Song von jemand anderem, damit ich verstehe: Aha, diese Technik gibt es auch. Ich kann deshalb nur bis dahin spielen, wo ich mich noch selbst begleiten kann. Ich beherrsche keine krassen Solos auf dem Klavier oder der Gitarre, da muss ich noch viel üben. Puh, manchmal denke ich, ich habe gar keine Zeit für alles, was ich noch machen und lernen will. Aber vielleicht ist es ja ermutigend zu hören, dass man nicht in allem perfekt sein muss, um Künstler zu sein. Man sollte einfach nur in der Lage sein, das zu transportieren, was man ausdrücken will. Wenn jemand perfekt alle Noten singt, aber die Musik nicht spürt, was bringt es dann? Lieber mal hier und da einen schiefen Ton singen, aber dafür mit Herz.

Wenn jemand perfekt alle Noten singt, aber die Musik nicht spürt, was bringt es dann?

Damals war die Musik für mich aber noch on und off, also eher ein Hobby. Ich habe nur gespielt, wenn ich Lust hatte. Musik war für mich immer mit Spaß verbunden, aber in dieser Zeit, als es zu Hause schwierig war, auch mit einer Flucht zu etwas Positivem. Wenn ich Klavier spielte, fühlte ich mich entspannt und gelassen, so als würden aller Kummer, aller Druck und Stress mit jeder Note automatisch aufgelöst werden und aus mir herausfliegen wie die Töne. Wie durch einen Zaubertrick. Langsam wurde das Klavierspielen mehr als nur ein Hobby, langsam wurde es ernst. Wie eine Therapie. Ich habe gespielt, was so aus mir herausfloss, dazu Songs, die ich kannte. Manchmal entstanden dadurch neue Melodien, die ich dann in meinem Homestudio aufnahm, wie in Japan. Wie damals verkabelte ich das Klavier mit dem MacBook.. War ich froh, dass ich das schon für mich entdeckt hatte!

Nach einer Weile dachte ich aber: Noch mehr Spaß hat es doch immer gemacht, mit anderen zu musizieren. Ich überlegte, wer in meinem Umfeld auch Musik liebte. Da fiel mir mein Bruder ein – eigentlich sehr nahe liegend. Wie konnten wir das so lange ignorieren? Er hatte ja in Japan schon in einer Band gespielt. Es war nicht dieselbe, in der ich sang, sondern eher unabhängig von der Schule und etwas lässiger. Greg hat eine besondere Stimme, etwas tiefer als meine. Dadurch harmonieren wir sehr gut. Ich fragte ihn: »Warum habe ich bisher eigentlich nie mit dir Musik gemacht?« Wir wussten es beide nicht und beschlossen, das zu ändern.

Und schon bald sollte sich eine Möglichkeit ergeben. Meine beste Freundin hatte damals einen Freund, der Gitarre spielte. Eines Abends saßen wir in einem Irish

Pub in Barcelona auf so einer abgewetzten Sitzbank aus Holz. Es roch nach Bier und Rauch (Mann, bin ich froh, dass es mittlerweile das Rauchverbot gibt und ich nicht nach jedem Kneipenbesuch alle meine Klamotten waschen muss!). Und in dem Nebel sah ich, wie ein Musiker mit seiner Gitarre auf einer kleinen Bühne in der Ecke unbeirrt spielte und dazu sang. Die Stage war so mini, dass es eh nur für eine One-Man-Show reichte. Aber allein hätte ich mich da nicht rauf getraut. Ich habe dann spontan zu dem Freund gesagt: »Wow, ich finde es so toll, dass du auch Musik machst. Ich spiele Klavier.«

Er nickte und bestellte uns noch ein Bier. Er dachte wohl, dass ich ein bisschen Smalltalk machte. Dann traute ich mich und haute einfach raus: »Wieso gehen wir nicht an die Bar und fragen, ob wir hier auch spielen können?«

Ich war über mich selbst erstaunt, dass ich dann tatsächlich aufstand, mein neuer Bekannter hinterher trottete und ich mutig die etwas ruppige Frau hinter der Theke ansprach, die hastig ein Bier nach dem anderen zapfte. Ich wagte es einfach. Wenn es um die Musik geht, dann bin ich nicht zu bremsen. Und siehe da: Sie lächelte, war plötzlich sehr nett und sagte: »Klar, wenn ihr was drauf habt, könnt ihr hier spielen. Ihr bekommt 60 Euro und ein Abendessen und das erste Getränk umsonst.«

Wir schauten uns an wie Gewinner und konnten es kaum glauben. »Super, das ist ja mal genial. Wir dürfen hier Musik vor Publikum machen und bekommen sogar noch was dafür!«, teilte ich meine Begeisterung mit meinem neuen Kumpel. Wir klopften uns auf die Schultern, und dann fiel mir ein: »Warte mal, mein Bruder singt auch. Lass uns doch eine Band sein!« Und dann haben wir uns versprochen: In einem Monat stehen wir genau hier in dieser verrauchten Kneipe auf der kleinen Bühne in der Ecke. Komme, was wolle.

Gleich am nächsten Tag haben wir uns bei uns zu Hause getroffen. Die Rollen waren schnell verteilt: Ich saß am Klavier und habe gesungen, mein neuer Freund Borja spielte Gitarre, und mein Bruder war der Leadsänger. Jede freie Minute haben wir geprobt und einen englischen Hit nach dem anderen gecovert: *How to Save a Life* von The Fray, *Little Lion Man* von Mumford & Sons und *Your Song* von Elton John. Es war eine Kombination aus den Songs, die gerade aktuell waren, und Songs, die wir als Kinder mit unseren Eltern gehört hatten, wenn wir alle zusammen im Auto saßen. Wir nannten uns Escapist. Den Grund muss ich wohl kaum noch erklären.

Und tatsächlich, einen Monat später standen wir mit wackeligen Knien auf der Bühne und der ganze Pub war voll. Wie gut, dass ich auf meinem kleinen Hocker saß und beim Spielen auf meine Tasten gucken konnte. Damit ihr euch vorstellen könnt, wie klein das war: Direkt an meiner linken Seite klebten mein Bruder und Borja, der versuchte, mit seinem Gitarrenhals niemanden zu erschlagen. Und rechts von mir war der Flur zur Toilette, und jeder konnte auf dem Weg dahin kurz mal auf meinem Klavier klimpern, wenn er wollte.

Alle unsere Freunde waren da und auch unsere Familien, die uns vor dem ersten Song noch etwas ungläubig anschauten, mit ihren Getränken in der Hand: Die wollen nun Musik machen!? Hoffentlich können die das, sonst wird es peinlich! Genau dasselbe dachte ich auch. Aber schon nach den ersten Takten sahen die Gesichter erleichtert aus und später immer zufriedener. Am Ende tanzten und sangen alle mit. Und wir? Ja, wir schwebten auf der Bühne, weil wir so viel Glück erlebten, das war unbeschreiblich. Zum ersten Mal bekam ich ein Gefühl dafür, was es bedeutet, wenn so viel positive Energie bei dir auf der Bühne landet – nur weil du mit voller Freude singst und Klavier spielst.

> *Zum ersten Mal bekam ich ein Gefühl dafür, was es bedeutet, wenn so viel positive Energie bei dir auf der Bühne landet – nur weil du mit voller Freude singst und Klavier spielst.*

Weil wir es so geil fanden, haben wir uns gleich für den nächsten Monat wieder angekündigt. Und ich schwor mir, dass ich da noch einen drauflegen wollte: Wir würden einen Song performen, den wir drei zu Hause geschrieben hatten. *Wooden House* hieß das Lied. Es hatte einen melancholischen Vibe, es ging darum, dass wir in einer Hütte im Wald lebten und uns dort mitten in der Natur sicher fühlten, dass niemand uns etwas konnte, kein Sturm und sonst auch nichts. Eigentlich absurd, denn wir lebten ja immer in Großstädten. Wenn ich heute darüber nachdenke, macht es aber Sinn: Das war vermutlich das, was ich in dem Moment gebraucht hätte. Einen Schutzort fernab vom

Trubel, wo man immer hinkann. Denn ich war in dem Zwischenstadium auf dem Weg zum Erwachsenwerden. Und das war manchmal überwältigend.

Bald nach unserem ersten Auftritt nannten wir unsere Band Urban Lights, weil der Name besser zu uns Kindern aus den Großstädten passte. Und außerdem gab es Escapist schon als Name bei iTunes. Es ist ja ein oft vorkommendes Motiv, dass Musik in schwierigen Zeiten zur Zuflucht wird.

Nach dem ersten Jahr an der Uni lernte ich Ramón kennen, einen sehr lebensfrohen und motivierten Menschen. Er hatte gerade angefangen, Drums zu spielen

und hatte Bock auf ein neues Abenteuer. Also schloss er sich Urban Lights an.

Wenig später sahen wir in der Uni das Plakat zu einem Bandwettbewerb und setzten uns wieder ein kleines Ziel. Wir waren zwar einen Tag zu spät, um uns anzumelden, typisch ich! Aber es hat noch geklappt, wir traten an – und gewannen den Wettbewerb. Das motivierte uns dranzubleiben.

Obwohl wir unser erstes Album produzieren wollten, hatte für mich das Studium oberste Priorität. Ich wollte es schnell und gut beenden. Mein Opa hat mir geholfen, es zu finanzieren, und er hatte mir gesagt: »Wenn du einmal bei einer Prüfung durchfällst, dann bekommst du kein Geld mehr.« Den Druck fand ich okay, denn schließlich wollte ich nicht zum Dauerstudent werden.

Das Studium hat mir aber wirklich Spaß gemacht. Es war zwar eine andere Welt, denn ich habe den ganzen Tag die Eigenschaften verschiedener Materialien gelernt und zum Beispiel technische Modelle von elektrischen Gokarts entworfen. Doch für mich war das kein Widerspruch. Bei der Musikproduktion gehört ja auch sehr viel Technik dazu. Während ich die Lieder von Urban Lights produzierte, habe ich es gefeiert, alle technischen Details herauszufinden: Wie funktioniert der Kompressor, und wie kann ich den Song bearbeiten? Das lernt man nirgendwo, nur bei YouTube. Ich habe mich also selbst reingefuchst. Das hat mir geholfen, Songs zu beurteilen und zu verstehen. So wurde nach und nach jeder Song immer besser.

Wenn ich mit neuen Produzenten schreibe, dann bin ich sehr neugierig, wie sie arbeiten, und frage immer noch nach den technischen Details: Welche Sounds benutzt ihr? Besonders, wenn ich im Ausland produziere, interessiert mich das, weil jede Kultur ihre eigene Art hat, Songs entstehen zu lassen. Deutschland ist zum Beispiel ein eher poplastiges Land. Dafür hört man in Lateinamerika eher Reggaeton. Ich versuche immer, das Beste der Sounds aus jedem Land mitzunehmen, um das meiste zu lernen.

Während des Studiums habe ich auch gelernt, Projekte zu verwalten, zu organisieren und strukturiert zu arbeiten. Wenn ich einen Song schreibe, hilft mir das strukturelle Vorgehen. Und beim Produzieren ebenso. Denn wenn du eine Songidee hast, solltest du planen: Wer nimmt was wie und wann auf? Wer soll den Song produzieren? Wer mixt und mastert den Song? Es ist sehr viel Arbeit, und es gibt viele kleine Schritte, an die man denken muss.

Die ersten zwei Jahre des Studiums waren sehr technisch ausgerichtet. Ich musste ziemlich viel Algebra, Mechanik und Magnetismus lernen. Danach wurde es freier. Die letzten zwei Jahre konnte ich kreativere Sachen wie Zeichnungen und Autodesigns machen.

Sehr lustig: Das Hauptprojekt bei Transportdesign war es, eine moderne und elektrische Version des ikonischen DeLorean zu entwerfen – ja, genau der, den ich in Japan bei meinem Nachbarn bewundert hatte!

Eigentlich dachten wir, dass wir alle nach dem Studium einen Job bekommen würden. Die Universität hatte einen guten Ruf, aber trotzdem fand niemand Arbeit. Das war natürlich frustrierend. Und ich grübelte verzweifelt: Was mache ich denn jetzt? Ein Bekannter unseres Gitarristen managte uns, und er hatte ein paar Kontakte in den Medien. So landeten wir mit Urban Lights im spanischen Fernsehen bei der Castingshow »Tú sí que vales«. Das war ein echter Lichtblick. Wir haben zwar nicht gewonnen, bekamen danach aber einen Anruf vom Sony-Musikverlag. Sie wollten uns als Songschreiber unter Vertrag nehmen. Das bedeutete, dass unsere Songs wohl besser waren als unsere Band-Performance. Diese Bestätigung war unglaublich motivierend, und wir dachten: Vielleicht machen wir das alles hier nicht so verkehrt? Also unterschrieben wir den Vertrag und bekamen einen kleinen finanziellen Vorschuss. Damals waren wir echt ahnungslos und wussten nicht, wie die Musikwelt funktioniert. Ich bin von dem Geld erst mal nach Italien in den Urlaub gereist.

Wir mussten als Band besser werden, klar. Das war auch weiterhin unser Wunsch. Aber so hatte sich noch eine neue Möglichkeit ergeben, von der Musik leben zu können. Das war natürlich etwas naiv, weil wir Briefings für koreanische Bands bekamen, die Songs suchten. Man bekommt eine Mail von Sony, in der drinsteht: Diese Künstler suchen Songs, und dann sind die alle aufgelistet, mit ein paar Anhaltspunkten zum gewünschten Genre. Zum Beispiel: »Wir brauchen einen Song im Stil von Justin Timberlake. Up-Tempo.«

Viele Songs von uns wurden dann aber gar nicht genommen. Oder besser gesagt: keiner der Songs. Das klingt, als ob unsere Ideen scheiße gewesen wären. Aber mit der Erfahrung, die ich jetzt habe, wundert mich das gar nicht. Wir wussten damals nicht, dass noch 500 andere Songschreiber dasselbe Briefing bekommen hatten wie wir. Unsere Chancen gingen gegen null. Aber das Gute war: Dann haben wir die Lieder einfach selbst gesungen und auf unser eigenes Album gepackt.

Trotz der Rückschläge dachte ich: Okay, ich bin erst 22 und schon fertig mit der Uni. Jetzt kann ich mir und der Musik doch eine Chance geben. Also setzte ich mir ein Limit von zwei Jahren. Wenn ich dann nicht irgendwie mit der Musik meine Miete zahlen könnte, würde ich einen Job im Industriedesign suchen. Das war mein Versprechen an mich selbst. Dann wäre ich 24 und immer noch voll jung.

Aber ich wollte unbedingt einen Hit schreiben, der überall im Radio gespielt wird.

Ich arbeitete also zwei Wochen im Monat als Chauffeur und als Aushilfe bei Messen. Damit hatte ich genug Geld, um den Monat zu überleben. Den Rest der Zeit versuchte ich alles, um mit der Musik erfolgreich zu werden. Ich ging jeden Morgen um neun Uhr ins Studio. Oder eher: Mein Kumpel Ramón, der Drummer aus unserer Band, hatte seine Garage zum Studio umgebaut, und wir haben uns von unserem Vorschuss zwei Lautsprecher gekauft und damit gearbeitet. Ganze Tage und Wochenenden verbrachten wir in der schattigen Garage, während draußen die Sonne schien und alle anderen am Strand lagen. Aber ich wollte unbedingt einen Hit schreiben, der überall im Radio gespielt wird. Ob nun für einen anderen Künstler oder für unsere Band. Ich hatte Hoffnung, dass wir das irgendwie schaffen.

Zwischendurch haben wir Konzerte gespielt, um ein paar der Kosten zu decken. Aber wir waren immer pleite. Mit der Band lief es nicht gut, und wir fühlten uns nach den zwei Jahren einfach nur ausgelaugt. Wir hatten alles gegeben und nicht viel war passiert. Ich hatte damals eine Freundin, aber ich konnte sie noch nicht einmal ins Kino einladen. Wie peinlich! So wollte ich nicht weitermachen. Ich brauchte mehr Stabilität.

Dann allerdings kam ein Anruf, der alles verändern sollte. Sony rief an und fragte: »Hey, habt ihr Lust auf ein Songwriting-Camp in Österreich?« Ich wusste, dass das eine großartige Chance war. Jeder Musikverlag schickt Autoren zu so einem Camp, um neue Ideen für den deutschsprachigen Markt (also Deutschland, Österreich und Schweiz) zu finden. Da bekommt man die Möglichkeit, zusammen mit anderen Musikern Songs zu schreiben und die dann direkt zu präsentieren. Das ist supergenial!

Aber nur einer von uns sollte dorthin fliegen. Das war erst einmal eine komische Situation, weil wir immer als Team gearbeitet hatten. Natürlich können beim Songschreiben nicht alle immer gleich viel tun. Ein Song ist ja keine Excel-Tabelle. Unser damaliger Manager schlug vor, dass ich fahren sollte, weil ich in der Zeit mit Ramón am meisten geschrieben hatte. Da ich Deutsch sprach, machte es noch mehr Sinn, dass ich flog. Die anderen waren etwas enttäuscht, was ich natürlich voll verstehen konnte. Aber die Idee war auch, dass ich neue Leute kennenlernte, die uns als Band unterstützen würden.

5

BRILLA COMO EL SOL*

ALLES ODER NICHTS

*Songzeile aus La cintura.
Übersetzt: Scheint wie die Sonne.

Als ich ankam, fiel mir sofort auf, dass das Songwriting-Camp in einer verschneiten Holzhütte stattfand. Eigentlich nichts Besonderes für Österreich, aber es erinnerte mich an das *Wooden House* aus unserem ersten Song, den ich live in dem Irish Pub in Barcelona performt hatte. Das nahm ich als gutes Zeichen, denn ansonsten war ich supernervös, auf so viele Profis aus der Musikszene zu treffen. Ich war der einzige Newcomer, und es war ultrawichtig für mich, dabei zu sein und alles zu geben. Auch weil schon ein Jahr von meinem selbst gesetzten Ultimatum vorbei war. Noch zwölf Monate blieben mir also, um als Musiker einen Erfolg zu feiern. Dieses Limit sollte mich auch vor Frust bewahren, denn sonst ist es schwierig, den Punkt zu finden, an dem man aufhört und sich selbst gechillt sagen kann: Okay, ich mache etwas anderes, ich bin wohl kein Profimusiker, und es ist gut so. Ohne das Gefühl, gescheitert zu sein.

Meine Familie war übrigens immer locker. Ich selbst habe mir immer den Druck gemacht, auch weil mich das motiviert. Sie sagten weder, dass ich mir sofort einen vernünftigen Job suchen sollte, noch: Du bist der Beste und du wirst auf jeden Fall ein Star. Es bringt dir nichts, wenn die Familie dich in eine der beiden Richtungen pusht. Denn es ist in beiden Fällen frustrierend: Sowohl wenn du es nicht schaffst, als auch wenn du zu früh aufgegeben hast. Du musst irgendwann selbst den Moment finden, in dem du dir sagen kannst: Es reicht! Ich will nicht die ganze Zeit gegen eine Wand laufen. Oder es passiert etwas, das dir beweist: Es gibt eine Chance für mich da draußen!

Dieses Songwriting-Camp war deswegen auf gewisse Art ein Ultimatum-Moment. Eben mein Versprechen an mich selbst. Ich gehe hin, und wenn ich mich nicht bewähre, dann gehöre ich wohl nicht in diese Welt. Kein Wunder, dass ich so nervös war, als ich mit dem Zug von Innsbruck aus anreiste. Zum Glück konnte ich mich mit dem Blick aus dem Fenster auf die wunderschönen Berge ablenken und beruhigen.

Die Aufregung verflog schnell, als ich die anderen Teilnehmer und Teilnehmerinnen traf. Alle waren supernett und motiviert. Irgendwie hat von Anfang an alles geflowt, und ich dachte die ganze Woche ununterbrochen: Wie geil ist das denn?

Wir wurden in Teams eingeteilt und haben einen Song pro Tag geschrieben. Die ganze Zeit hatte so viel Druck auf mir gelastet, und nun traf ich Leute, die schon erfahrener waren als ich. Wir haben uns die Arbeit aufgeteilt. Alles war easy.

Jeden Morgen bekamen wir ein Briefing, in dem es hieß: Heute schreibt ihr einen Song für Helene Fischer, Vanessa May oder Lena. Ich wusste nicht immer, wer das ist. Denn damals kannte ich die deutsche Musikszene noch nicht so gut. Peinlich, ich weiß. Aber ich konnte es ja heimlich im Internet herausfinden.

Dann haben wir gleich angefangen, Ideen zu sammeln und zu schreiben. Jeden Tag habe ich so wieder neue Leute kennengelernt. Und das war das Tolle, das Networking und der Erfahrungsaustausch. Es ging nicht darum, dass der Song erfolgreich wird, und es war auch eher unrealistisch, dass der Künstler oder die Künstlerin den Song nehmen würde. Normalerweise entsteht das ja in einem gemeinsamen Prozess. Aber dieses Wissen nahm auch den Druck raus und brachte den Spaß.

Ich war so motiviert und rief zwischendurch zu Hause in Spanien an und erzählte aufgeregt: »Es ist einfach supercool hier. Die Energie ist so ansteckend, und ich kann gar nicht mehr aufhören, Songs zu schreiben. Wir verpassen in Spanien in unserer Garage etwas.« Ich war fasziniert, so viele verschiedene Menschen aus der Branche zu treffen, die alle ihre Fähigkeiten hatten: Der eine schrieb gut, die andere produzierte unfassbar schnell. Die Songs klangen schon nach einem Tag so, als ob man sie gleich in die Charts werfen könnte.

Nach fünf Tagen und fünf Songs haben wir am sechsten Tag final vor den Verlagen performt: Warner Music, Budde Music und Sony Music. Mir war das etwas unangenehm, weil wir die Songs ja nur an einem Tag megaschnell geschrieben hatten. Sie waren nicht perfekt und auch nicht alle in meinem Stil. Nur einer hatte spanische Lyrics. Aber gut. Am Ende nahmen die Verlage von 50 Songs sieben Stück – und drei davon stammten von mir. Ich bekomme jetzt noch Gänsehaut, wenn ich daran denke. So viel Anerkennung von Leuten

Es öffnete sich eine völlig neue Tür, und die ganze harte Arbeit hatte sich auf einmal gelohnt.

zu erhalten, die schon von der Musik lebten und in der Szene Namen hatten, gab mir Hoffnung und Mut. Es öffnete sich eine völlig neue Tür, und die ganze harte Arbeit hatte sich auf einmal gelohnt. Es zeigte sich plötzlich ein Weg für mich.

Benny und Marc von Budde Music, das ist der größte Indie-Musik-Verlag in Deutschland, kamen auf mich zu und sagten: »Wir fanden deine Songs super. Wir würden dich gern nach Berlin einladen und ein paar Songwriting-Sessions für dich organisieren.« Ich wusste damals noch nicht, dass die beiden mich bald als Manager betreuen würden. Erst mal habe ich nur gefeiert, dass mich überhaupt jemand auf dem Schirm hatte.

Als ich zurück nach Spanien kam, habe ich meiner Band gesagt: »Okay, wir müssen aus der Garage raus und mehr machen. In Europa gibt es Songschreiber, die voll am Start sind. Wir sind hier auf einem Okay-Level, aber wir müssen Vollgas geben.« So haben wir immer mehr Zeit im selbst gebauten Studio verbracht, experimentiert und unter Hochdruck ein zweites Album von Urban Lights produziert. Ich powerte mich total aus und machte den ganzen Sommer über nichts anderes.

Ein paar Monate später rief mich Marc an und sagte: »Wir haben hier ein Projekt von zwei deutschen Songwritern, die sehr bekannt sind, und die wollen gern mal etwas auf Spanisch machen. Da habe ich an dich gedacht. Könntest du ein paar Tage nach Berlin kommen?«

Ich musste nach dem Gespräch ehrlich gesagt erst einmal wieder die Namen der deutschen Songwriter googeln, denn ich kannte mich in der deutschsprachigen Szene immer noch wenig aus. Während ich las, was mir Wikipedia über Simon Triebel erzählte, realisierte ich: Was? Der ist ja der Gitarrist von der Band Juli. Ich habe doch *Perfekte Welle* rauf und runter gehört, als ich in Tokio in der Schule war, weil meine deutschen Freunde den Song so mochten. Das ist ja verrückt! Dann: Alexander (»Ali«) Zuckowski, der Sohn von Rolf Zuckowski. Er schrieb schon Hits für fast alle deutschen Stars, darunter Udo Lindenberg, Sasha und Sarah Connor. Außerdem hatte er den Gewinnersong von Conchita Wurst für den Eurovision Song Contest produziert.

Ich war überwältigt. Unglaublich, dass ich mit so erfahrenen Songwritern arbeiten darf!, dachte ich. Bald darauf flog ich nach Berlin, eine der wichtigsten Städte der Musikszene in Europa, und konnte netterweise im Haus von Marc übernachten. Ich brauchte nur einen Raum mit einem Bett, weil ich für den Rest der fünf Tage quasi im Studio lebte.

Das Studio in Berlin-Prenzlauer Berg wirkte auf mich so bodenständig: Es gab keine riesigen Mischpulte, keinen unnötigen Luxus. Die goldenen Platten waren hinterm Arbeitstisch versteckt. Und genau das fand ich cool. Als ich am ersten Tag aufgeregt reinstolperte, saßen Ali und Simon schon am Mischpult. Ich spürte direkt, dass für die beiden die Musik im Vordergrund steht und nicht der Erfolg. An ihrer lockeren Art habe ich gleich gemerkt, dass wir auf Augenhöhe sind.

Sie sagten: »Wir haben da mal was vorbereitet: Einen Song auf Quatsch-Spanisch.« Dann brachen sie in schallendes Gelächter aus und spielten mir vor, was sie aufgenommen hatten. Die haben einfach Wörter genommen, bei denen sie dachten, es sei Spanisch. Dabei klang es eher nach einem Italiener, der versucht, Spanisch zu lernen und dabei überfordert ist. Alle drei Songs, die sie mir vorspielten, waren in dieser verrückten Sprache verfasst, und einer davon sollte die Grundidee von *El mismo sol* werden. Es war nur ein Demo, aber die Chorus-Melodie war schon dieselbe. Ich sollte nun dazu auf Spanisch texten. Bisher hatte ich ja eher englische Musik für Urban Lights produziert, da musste ich mich umgewöhnen, aber es hat von Anfang an supergut harmoniert zwischen uns dreien. Ich habe ihnen gleich gesagt: »Ich liebe es auch, Melodien zu machen. Lasst uns doch einen Song bei null anfangen!«

Simon und Ali erzählten mir später mal bei einem Bier, als wir längst Freunde waren, dass sie ganz geplättet waren, als ich so reinkam, einen Songtext schrieb und den sofort gesungen, aufgenommen und bearbeitet habe. Die waren irritiert, dass ich immer direkt sagte: Lasst es uns sofort aufnehmen. Ich hatte aber nur Angst, dass sonst die Idee weg wäre. Das ist so eine Eigenart von mir. Ich kann erst beurteilen, ob etwas von mir gut ist, wenn ich die Aufnahme höre. Dann kann ich direkt sagen, wie es klingt. So wie ich auch immer viel allein ausprobiert habe. Ich habe eine ganz eigene Herangehensweise, mit der ich intuitiv oft richtig liege. Die Musik selbst hat mich da hingebracht. Damit will ich nicht sagen, dass ich damals schon alles

Ich habe alles eher nach Gefühl und Intuition gemacht.

wusste. Ich habe alles eher nach Gefühl und Intuition gemacht. Ich konnte nicht sagen, welche Note ich singe. Aber ich konnte sagen, ob ich es spüre und fühle. Auch wenn ich mich heute für eine Single entscheide, mache ich das nach Bauchgefühl. Damit will ich sagen, dass die Zeit mit mir allein, die vielen Stunden vor dem Musikprogramm, nicht verschwendet war, sondern die Grundlage für alles andere geschaffen hat.

Es war eigentlich von Anfang an klar, dass ich die Songs nur mitschreibe, dass aber jemand anderer sie singen kann. Doch Ali und Simon ließen mich die Songs einsingen und sagten immer: »Hey, Alvaro, der Titel steht dir.« Ich machte klar, dass ich kein Solo-Künstler bin: »Ich habe eine Band, ich kann die nicht einfach so verlassen.«

So ging das die folgenden sechs Monate weiter: Ich bin immer fünf Tage im Monat nach Berlin gependelt und habe viel Zeit mit den Jungs im Studio verbracht.

Mein spanischer Manager hat natürlich gemerkt, dass ich immer mehr Zeit in Deutschland verbrachte und viele Songs mit den beiden komponierte. Er sprach mich irgendwann an: »Planst du eine Solo-Karriere?«

Ich fühlte mich ertappt, dabei betrog ich niemanden. Ich hatte das wirklich nie vor, aber schließlich entschieden das Schicksal und der Lauf der Dinge alles automatisch. Universal Music meldete sich bei mir, wollte mit mir arbeiten, weil sie die Songs gehört hatten. Bähm! Ich fühlte mich immer noch wie im Traum und fragte: »Meinen die mich allein?« Wieder habe ich meine Band vorgeschoben, und ich wollte erst absagen. Irgendwann wurde mir bewusst, dass das vielleicht auch eine Ausrede für mich war, um mich vor einem Konflikt zu beschützen. Ja, und auch ein bisschen, weil ich Angst davor hatte, allein auf der Bühne zu stehen. Mein Bruder war immer der Frontmann und das war auch gut so. Ihm gefiel das, und er machte das super. Ich sang und spielte im Hintergrund. Nun schwirrten mir tausend Gedanken durch den Kopf: Was wird mein Bruder denken? Was sagt mein bester Freund, der Drummer der Band? Wie sage ich es ihnen? Mache ich weiter mit der Band? Bin ich verrückt geworden, dass ich plötzlich allein weitermachen will? Doch ich spürte auch, wie sehr mich die anderen in Berlin motivierten und dass sie wirklich Lust hatten, richtig Gas zu geben.

Dennoch kamen immer wieder Zweifel hoch: Es gibt so viele gute Musiker da draußen. Wie schaffe ich es, zwischen allen denen noch sichtbar zu werden? Aber zum ersten Mal wurde mir so richtig bewusst, dass das tatsächlich möglich ist – auch wenn man nicht jede Note lesen kann.

Ramón, der Drummer in unserer Band, hat zum Beispiel acht Jahre lang klassisches Klavier gelernt. Ihm wurde nur beigebracht, abzuspielen, und er dachte: Alles, was darüber hinausgeht, kann man nicht machen. Ich hatte von vorneherein keine Limits im Kopf und habe gemacht, was ich gefühlt habe. Er meinte mal zu mir: »Du spielst Sachen, da wäre ich nie drauf gekommen.« Ja, weil er es sich nicht erlaubt hat! Es ist dasselbe Instrument mit denselben Tasten und es klingt bei ihm

total anders als bei mir. Das ist faszinierend. Aber die Magie entsteht für mich, wenn man erst einmal alles frei laufen lässt.

Ich verbrachte immer mehr Zeit in Berlin. Mir wurde bewusster, dass es vielleicht eine einmalige Gelegenheit für eine Musikkarriere war und ich in den Zug einsteigen konnte oder zurückbleiben würde. Da konnte ich irgendwann einfach nicht mehr Nein sagen, denn ich war schon so viele Schritte in eine andere Richtung gegangen. Ich surfte plötzlich eine andere Welle, und es war meine eigene. Das machte mir auch Angst, denn ich wusste gar nicht, wie man große Wellen nimmt.

> *Ich surfte plötzlich eine andere Welle, und es war meine eigene. Das machte mir auch Angst, denn ich wusste gar nicht, wie man große Wellen nimmt.*

Als ich meinem Bruder und meinem besten Freund Bescheid sagen musste, dass ich meine Solokarriere startete, war das einer der schwierigsten Momente in meinem Leben. Es fällt mir immer noch schwer, passende Worte zu finden, um darüber zu schreiben. Denn einerseits war es total hart für mich, die Band zu verlassen, aber gleichzeitig spürte ich auch, wie mir eine große Last von den Schultern fiel. Denn ich trug einfach zu viel Verantwortung. Die habe ich selbst so übernommen, aber wir alle wussten, dass es mit der Band eher schleppend lief, und es hat mich zu viel Kraft gekostet. Diese Chance nicht zu ergreifen, wäre einfach dumm gewesen. Damals wusste ich natürlich noch nicht, wie erfolgreich ich als Solo-Künstler werden würde. Eine Garantie gab es nicht, nur das Risiko.

Mein Bruder und ich haben ein super Verhältnis und unterstützen uns gegenseitig. Anfangs war er verletzt, natürlich. Eine Zeit lang war die Stimmung auch etwas komisch zwischen uns, aber heute sagen mein Bruder und mein bester Freund mir, dass sie froh sind, dass ich die Entscheidung so getroffen habe.

Zuerst fühlte es sich ungewohnt an, eine Solokarriere auf Spanisch zu starten, weil ich viel mehr Erfahrung mit Englisch als Songsprache hatte. Es war für mich ein kleines Experiment innerhalb meiner musikalischen Möglichkeiten. Alles nahm sehr schnell Geschwindigkeit auf. Ich freute mich immer mehr, mein eigenes Ding zu machen. Musik ist Musik. Wenn man sie spürt und sie einen berührt, ist es egal, in welcher Sprache man singt. Mir hat es sehr geholfen, dass Universal Music mich als Solokünstler und meinen Stil wollten. Sie vertrauten mir und glaubten an mich. Für mich öffnete sich so eine neue Welt innerhalb der Musik. Ich blieb meinen spanischen Wurzeln treu und nahm die Vibes mit nach Deutschland.

Als wir uns fragten, mit welchem Namen ich meine Karriere starten sollte, entschieden wir uns für Soler, meinen zweiten Nachnamen, den meiner Mutter. Es sollte easy sein. Keiner konnte meinen vollen Namen Alvaro Tauchert Soler richtig aussprechen. In Deutschland sagten alle den Vornamen falsch: Deutsch ausgesprochen mit der Betonung auf dem zweiten A, dabei

wird das erste A betont. Also: Alvaro und nicht Alváro. Einfach mit Power in den Namen einsteigen! In Spanien hat niemand meinen deutschen Nachnamen Tauchert aussprechen können, das war noch schlimmer. Sie haben es mit Französisch verwechselt und »Toscher« gesagt.

Mir wurde auch bewusst, dass wir mit der Band etwas festgefahren waren. Wir dachten, auf Spanisch zu singen, sei uncool. Das sei dann Reggaeton, und das mochten wir damals nicht. Wir waren so in unserer Welt gefangen, dass wir dachten: Also, wenn ich etwas anderes machen muss als unsere Musik bei Urban Lights, erschieße ich mich. Meine Freunde waren deshalb erst skeptisch, und ich sah in ihren Gesichtern, dass sie sich fragten: Was macht der denn da? Jetzt macht der so Gute-Laune-Pop zum Mittanzen.

Wenn die Leute, die du magst, Bedenken haben, ist das nicht einfach. Ich höre natürlich hin, wenn jemand mir etwas Kritisches sagt. Deswegen habe ich mich auch zwischendurch mal voll fertiggemacht: Was ist, wenn die recht haben? Habe ich die Entscheidung nur getroffen, weil Universal Music angefragt hat? Bin ich dann weniger Künstler, weniger Musiker, wenn ich bei einem großen Label unterschreibe?

Ab und zu mache ich mir immer noch Gedanken, wenn Kommentare kommen. Aber ich fühle, dass ich das Richtige tue. Ich hatte von Beginn an keine Befürchtungen, dass ich mich verbiegen muss, denn ich bin eh nicht der typische Latino-Boy und auch nicht das klassische Summer Happy Kid. Das wussten alle. Und das haben sie auch gar nicht gesucht. Es ging von Anfang an um den Kontrast, denn das war ungewöhnlich und neu: ein spanischer Künstler, der keine Klischees bedient, und der in Deutschland einen Plattenvertrag bekommt.

Endlich hatte ich ein professionelles Team um mich herum, das sich um alles kümmerte: Videodrehs, Promo und Konzerte. Ich durfte mich auf die Musik konzentrieren. Es machte so viel Spaß. Ich dachte immer wieder: Boah, endlich muss ich nicht mehr die ganze Verantwortung übernehmen, die Aufgaben sind verteilt. Das war eine große Erleichterung.

Und es sollte sich noch viel mehr ändern. Zum ersten Mal in meinem Leben würde ich in Deutschland leben. Kurz zuvor hatte ich mit meiner damaligen Freundin in Barcelona Schluss gemacht, also war ich Single und frei in meinen Entscheidungen. Perfektes Timing. Nichts hielt mich in Barcelona fest. Zuerst bezog ich ein kleines Apartment über dem Büro von meinem mittlerweile neuen Management Budde Music. Da stand außer einem Ikea-Bett nicht viel drin, aber es war auch egal, denn ich verbrachte die meiste Zeit entweder im Studio oder ich erkundete Berlin. Ich liebe den internationalen Vibe hier und freue mich jedes Mal, wenn ich Spanisch oder andere Sprachen in der U-Bahn höre. Außerdem leben so viele Künstler und Musiker hier, das ist einfach Wahnsinn.

Ich entdeckte eigentlich zum ersten Mal meine deutschen Wurzeln (andere sagen, die erkennt man auch an meiner ordentlichen und zuverlässigen Art!), sprach den ganzen Tag viel Deutsch. Zu Hause habe ich immer nur mit meinem Vater Deutsch gesprochen. Wobei man in Berlin sogar auch mit Englisch oder Spanisch weit kommt. Wie international die Stadt ist, habe ich vor allem beim Essen gemerkt: Wir holten uns Döner, Ramen und Pizza – doch was war eigentlich deutsche Küche? Anfangs fiel mir nur das gute Brot auf, das ich mir immer kaufte und dann zum Frühstück mit Serrano aus Spanien belegte.

Drei Monate habe ich in diesem Gäste-Apartment gelebt, bis ich endlich eine eigene Wohnung im Stadtteil Neukölln fand. Mein Plan war es, eine WG zu gründen. Zufällig zog zu der Zeit auch eine ehemalige Mitschülerin aus Japan nach Berlin, und es war klar, dass wir zusammenziehen würden. Super! Wir haben uns nach sieben Jahren wiedergefunden. So zog ein bisschen Japanflair mit mir in die 50-qm-Wohnung. Ich lebte in einem kleinen Zimmer, aber es war in Ordnung. Das konnte ich mir selbst leisten, und darauf war ich stolz. Zum Glück bin ich erfinderisch und handwerklich okay begabt. So bastelte ich aus dem Pappkarton meines Ikea-Schranks eine Lampe. Das hatte ich schließlich im Studium gelernt. Und es sah total hip aus: echtes Recycle-Design.

Ehrlich gesagt war ich der beste Mitbewohner, den man haben kann, denn ich war fast nie da. Kaum war ich richtig angekommen in Berlin, da ging alles los. *El mismo sol* sollte meine erste Single werden, und wir kündigten sie bei den Universal-Vertretungen in den anderen Ländern an. Vor allem Universal Italien war super begeistert. Sie meldeten sich bei mir: »Bitte schickt uns sofort das Lied, wir machen das groß! Wir glauben, das schlägt hier ein.« Erst dachte ich: Italien? Echt? Das wunderte mich. Aber sie sollten recht behalten.

Wir drehten das Video in Andalucía im Süden von Spanien, und kurz darauf kam im April 2015 meine erste Single von dem Album *Eterno agosto* raus, zuerst in Italien. Ich war 24 Jahre alt – genau zwei Jahre waren seit meinem Studienabschluss vergangen. Ich hatte meine eigene Challenge erfüllt. Und es war ein unglaubliches Gefühl.

Nach nur zwei Wochen landete *El mismo sol* auf Nummer 1 in Italien. Wirklich verrückt! Ich habe an so vielen Songs gearbeitet und nie ist es so schnell gegangen. Ich kam nicht mehr mit und konnte es nicht fassen. Von 0 auf 2000. Ich weiß noch, wie ich zu Hause in der WG auf unseren Küchenstühlen vom Flohmarkt saß und alle paar Minuten auf iTunes die Charts checkte. Plötzlich sah ich, dass mein Song auf Platz 1 in Italien geschossen war. Das kann nicht wahr sein! Was ist da los? Wieso denn? Spanische Musik in Italien?

Und plötzlich explodierte auch mein Instagram-Account, und immer mehr Italiener schrieben mir. Das einzige Wort, das ich damals kannte, war »Grazie«. Also half mir Google Translate dabei, ihre Nachrichten zu verstehen. Ich schrieb auch die Antworten auf Spanisch und schickte sie wieder durch Google Translate. Genial,

> *Ich hatte meine eigene Challenge erfüllt. Und es war ein unglaubliches Gefühl.*

so konnte ich meinen Fans in Italien schreiben, wann ich auf Tour komme und dass ich mich freue, sie alle zu sehen.

Die Italiener schienen mich wirklich zu mögen. So hatte ich auch meinen ersten TV-Auftritt mit *El mismo sol* bei der italienischen Version der TV-Show »The Voice«. Ich sang meinen Song mit den Kandidaten der Show im Finale – dabei war ich ja auch noch total neu im Musikbusiness. Doch plötzlich durfte ich einer der Star-Gäste sein – neben Jason Derulo und Robin Schulz. Es fühlte sich so an, als hätte ich einfach eine Stufe übersprungen, und ich hoffte, nicht erwischt zu werden.

Der Song verschwand gar nicht mehr von Platz 1, und deshalb sollte ich im Sommer nach Rom fliegen, um dort mitten auf einer gigantischen Bühne zu spielen. Das war so ein Sommer-Song-Festival, bei dem der beste Hit des Jahres gekürt wurde.

Wir checkten in einem Hotel mit Rooftop ein und konnten von dort aus direkt auf die gigantische Bühne an der Piazza del Popolo gucken. Was mich aber viel mehr staunen ließ: Ich blickte auf 20 000 feiernde Menschen. Es war heiß, es war laut, es war lebendig, und es war überwältigend. Ich bekam Gänsehaut und Schnappatmung zugleich. Meine Angst: Was passiert, wenn du deinen Song spielst und keiner kennt ihn, um mitzusingen? Noch schlimmer: Keiner mag ihn und alle buhen laut. Ich hatte voll Bammel, dass ich auf der Bühne stehen sollte, nur mit Mikro. Was mache ich mit meinen Händen, wenn ich singe? Was mache ich mit meinem Arm? Das ist nicht so selbstverständlich, wenn du dich vorher immer hinter dem Keyboard verstecken konntest. Da musste ich allein durch, denn wer sollte mir da helfen?

Bevor wir das Hotel verließen, wurden wir gefragt, ob wir Security brauchten, um in den Backstage-Bereich zu kommen: »Brauchst du Begleitung?«, wurde ich gefragt, als handele es sich um eine sehr ernste Angelegenheit. Ich winkte ab und sagte lässig: »Nein, es sind ja nur 20 Meter zu laufen! So ein Quatsch. Aber danke!«
 Als ich so losspazierte, hörte ich die ersten Mädchen kreischen: »Alvaro, Alvaro!« Und ich drehte mich zu meinem Manager um und fragte: »Hat mich da gerade jemand gerufen?« Die Schreie wurden immer mehr. Auf einmal kamen 50 Menschen auf uns zugestürmt, und Benny packte mich am Arm, rannte los Richtung Backstage-Bereich und zog mich mit sich. Ich war fertig. Oh Gott! Als ich in Sicherheit verschnaufte, verstand ich, dass die Security keinen Scherz gemacht hatte.
 Es war völlig neu für mich, erkannt zu werden. Nun wurde ich vor meinem Auftritt fast überrannt! Das konnte ich nicht so schnell verarbeiten. Also ging ich einfach mit diesem Adrenalin-Kick auf die Bühne und sang *El mismo sol*. Meganervös schaute ich dabei auf die Menschenmasse – und sah plötzlich, wie alle mitsangen. Das Gefühl war unbeschreiblich. Ich dachte, ich bin im Traum. Aber gleichzeitig habe ich die Energie der vielen Menschen gespürt und gemerkt: Es ist komplett real! Es war eine riesengroße Party. Unsere Party.

Und als der Moderator am Ende verkündete: »Der Gewinner mit dem Sommerhit des Jahres ist ... Alvaro Soler!«, da kam ich echt nicht mehr mit. Ich habe doch gerade erst meinen ersten Song herausgebracht, der ist auf Spanisch!, dachte ich. Und der räumt in Italien ab? Auf einmal war das der Anfang von allem.

Nachdem ich noch zwei Stunden für Selfies posiert und Autogramme gegeben hatte (ich musste mir erst mal überlegen, was ich da wie schreiben will. Spontan entschied ich mich für: Un beso*, Alvaro Soler), bekam ich am Abend im Hotel mal eben noch so eine Platin-Platte in die Hand gedrückt. Ich weiß nicht, warum ich da nicht final ohnmächtig geworden bin. Wenn man das verfilmen würde, wäre das eine amüsante Szene: Ich in der Hotellobby, gar nicht wissend, wie mir geschieht, mit großen Augen, völlig fertig und ohne Worte. Auf jeden Fall müsste man mich mit einer blasseren und dünneren Version von mir im Vergleich zu heute besetzen.

Ich habe mir übrigens damals, zu Beginn meiner Solo-Karriere, echt viele Gedanken gemacht, dass ich nicht cool genug für einen Popmusiker bin und auch nicht so aussehe. Ich bin nicht so extravagant wie Lady Gaga. Ich habe keine Tattoos oder Piercings. Ich könnte dein Nachbar sein. Wie soll das in der Popwelt gehen? Bevor ich eine Antwort auf meine Frage hatte, saß ich in Interviews und wurde selbst ausgefragt. Aber es

* Übersetzt: Küsschen

drehte sich dabei nie nur um mein Aussehen, sondern immer darum, wie ich zur Musik gekommen war. So lautete immer die erste Frage: »Wie hast du das nur geschafft?« Ich sagte ehrlich, dass ich gar keine Strategie hatte, und bekam als Feedback auch oft zu hören: »Das Coole an dir ist, dass du so bist, wie du bist. Es gibt so viel Fake auf dieser Welt. Es ist schwierig, authentisch und normal zu bleiben. Du repräsentierst das Normale in der Musikwelt, die komplett verrückt sein kann.« Und ich dachte erleichtert: Ah, ich muss also gar keine Drogen nehmen, ich muss keine Tattoos haben, ich muss keine Gitarren auf der Bühne zertrümmern. Obwohl: Letzteres fände ich schon ganz geil.

»Das Coole an dir ist, dass du so bist, wie du bist.«

In Italien habe ich gemerkt, wie mich alle Leute gefeiert haben, wie ich bin. Einfach so. Das war ein Selbstbewusstseins-Boom wie noch nie für mich. Es ging also gar nicht um eine gestyltere Version von mir. Ich habe eben kein Tattoo und genau das ist eigentlich cool. Da bin ich anders, aber ich muss dafür nichts machen, weil ich einfach ich selbst bin. Superpraktisch! Denn es kostet viel weniger Energie, als eine Rolle zu spielen.

Für mich war das neu, und auf einmal habe ich mich mit mir selbst fein gefühlt. Ich musste mir keine Sorgen machen, dass ich jedes Mal, wenn ich auf die Bühne gehe, jemand anderes sein sollte. Ich konnte genau mein Ding machen.

Das zu erkennen, war einer der schönsten Momente meines Lebens. Ich war unglaublich erleichtert, nach so einer langen Zeit, in der ich mich nicht so gut mit mir selbst gefühlt hatte ... plötzlich fühlte ich mich erlöst.

Ich dachte ja auch privat immer, ich bin nicht gut genug. Oder nicht cool genug. Ich hatte Angst, dass mich die Mädels nicht mochten, die ich mochte. Andere sagten dann immer: »Wieso, du siehst doch gut aus!?« Aber ich habe das nicht so gesehen, wenn ich in den Spiegel guckte.

Manchmal schreiben mir nun Menschen ihre Selbstzweifel und Sorgen. Instagram, die Fake-Storys und Filter dort machen das nicht besser. Ich kann sie heute ermutigen, dass sie gut sind, wie sie sind. Was ich schaffe, können auch andere schaffen. Deswegen sage ich allen, die denken, dass sie nicht gut genug sind: Vergesst es!

Was ich schaffe, können auch andere schaffen.

Wir sehen uns oft anders als die anderen. Es ist unnötig, sich selbst zu fragen: Bin ich zu laut oder zu leise? Sollte ich ein besonderes Hobby haben oder ein bestimmtes Auto fahren? Mache ich lieber kein Foto von meiner linken Seite?

Ich fragte mich eher: Wie weit kann ich mich zeigen – ohne verurteilt zu werden? Und wenn ich mich komplett zeige, werde ich dann akzeptiert?

Ich habe übrigens immer noch meine Unsicherheiten, und sie werden vermutlich auch nicht weggehen. Man sollte mich mal ohne Bart sehen. Uiuiui! So nackt im Gesicht mag ich mich gar nicht. Aber auch das verstecke ich nicht mehr. Ich habe sogar mal extra eine Instastory davon gemacht, wie ich meinen Bart abrasiere und dann gleich zehn Jahre jünger aussehe – oder älter, weiß ich nicht, vielleicht ein bisschen wie ein schüchterner Countrysänger. Aber nach zwei Wochen war der Bart wieder gewachsen und ich sah wieder so aus wie Alvaro Soler und wie ich mir selbst am besten gefalle – und es war nichts Schlimmes passiert.

Als der Erfolg nicht abriss, dachte ich trotzdem immer mal: Okay, bald ist wieder alles vorbei. Alvaro, genieße das jetzt. Niemand weiß, wie lange das halten wird. Es ist nur ein Erfolgssong. Schließlich hatte ich ja sechs Jahre lang schon probiert, mit der Musik erfolgreich zu sein. Deswegen fühlte es sich für mich komisch an, dass auf einmal mit diesem einen Song alles so schnell lief.

Aber oft hatte ich gar keine Zeit, mich zu fragen, was eigentlich los ist. Im Juni wurde die Single auch in den anderen Ländern veröffentlicht und landete in den Charts der Schweiz und der Niederlande. In Italien brauchte ich nur eine Weile das Radio einschalten, und bald lief mein Song. Dieser *El-mismo-sol*-Sommer war einfach einer der besten meines bisherigen Lebens, er hörte gar nicht auf und passte damit zum Titel meines Albums: *Eterno agosto,* was ja so viel heißt wie »ewiger August«.

Als ich dachte, es könnte nicht aufregender werden, verriet mir mein Management eine Sensationsnachricht, die sie erst hatten geheimhalten wollten.

6

APRENDER A SURFEAR LA OLA*

– UND DABEI NICHT UNTERGEHEN

* Spanisch für: Die Welle surfen lernen

Hast du die Anfrage von J.Lo schon beantwortet?«, sagte Benny völlig beiläufig zu Marc. Ich schob mir gerade ein Stück Pizza in den Mund, denn wir saßen im Food Court in einem Shoppingcenter in Berlin. Wir hatten etwas Zeit zwischen zwei Promo-Terminen, und das war die nächste Gelegenheit, an etwas Essbares zu kommen. Wenn ich nicht regelmäßig esse, das wissen alle um mich herum, ist das ein Notfall, denn ich werde schnell hangry, also ganz schön launisch.

Ich hörte kurz auf zu essen, kaute schnell weiter, und als ich den Mund wieder leer hatte, fragte ich: »Komm, sag, was ist da mit J.Lo?«

Die beiden schauten sich verschwörerisch an, und dann meinte Benny: »Okay, wir sagen es dir. Aber freu dich nicht zu früh. Bleib gechillt.« Ich nickte und wurde immer neugieriger.

»Wir haben eine Mail von J.Los Management bekommen und müssen erst mal prüfen, ob das ein Spam ist.«

Mein Herz schlug sofort schneller und ich fragte: »Und, was will J.Lo denn?«

Da ließ Benny die Bombe platzen: »Sie will auf *El mismo sol* singen!«

Ich schnappte nach Luft und erinnerte mich dann, dass ich mich nicht zu früh freuen sollte. Aber, hey, wie soll das gehen, wenn J.Lo mit dir deinen Song singen will?

Ich hatte meinen Durchbruch erlebt, der erste Erfolg war da. Sollte es etwa noch viel besser werden? Das fühlte sich ein wenig unheimlich an. Ich war total überrascht und unglaublich dankbar. Ich wusste, wie hart es ist, im Musikgeschäft Fuß zu fassen. Während des ersten Jahres wurde ich ja in Interviews immer gefragt: »Wie kann es sein, dass du plötzlich so erfolgreich bist?« Und ich saß da, die Hände auf den Knien, und habe immer mit den Schultern gezuckt und gesagt: »Ich habe keine Ahnung. Habe ich wirklich nicht.« Es war keine falsche Bescheidenheit. Dann kam die Anfrage von J.Lo – und ich musste erst mal klarkommen. Ich habe das meiner Familie und meinen Freunden extra nicht erzählt. Niemandem. Denn es gibt ja in der Branche auch Anfragen, aus denen nichts wird. Dann ist das ein ewiges Hin und Her: Machen wir, machen wir nicht. Ja, nein, aber dann nur so. Jetzt doch. Es ist wie eine Achterbahn-Fahrt der Gefühle. Und das wollte ich allen anderen ersparen. Ich sprach mir Mut zu: Selbst wenn J.Lo Nein sagt, ist das ein super Jahr. Genieß es!

Ein paar Tage später erfuhr ich, dass sie ihren Part schon in New York aufnahm. Aber selbst da sagte ich mir noch: Mal gucken, ob der Song bei mir ankommt.

Eines Morgens wachte ich dann in meiner WG auf. Die Julisonne schien durchs Fenster. Als ich mich räkelte, sah ich im Augenwinkel auf meinem Handy eine Nachricht mit einer Audiodatei. Noch völlig ver-

Sollte es etwa noch viel besser werden? Das fühlte sich ein wenig unheimlich an.

schlafen klickte ich das Play-Zeichen an und hörte dann aufgeregt zu. Den Song kannte ich, auch wenn er sich plötzlich anders anhörte: Es war *El mismo sol* mit J.Los unverkennbarer Stimme.

Ich bin ausgerastet und in Boxershorts auf dem klapprigen IKEA-Bett herumgesprungen. In meiner Hand hielt ich ein kleines Juwel: das Handy mit der Audiodatei. Obwohl die Freude ausbrach, blieb ich voll Realist. Ich wollte nicht komplett abgehen, bis alles fertig war. Ich dachte nicht: Wir haben es im Kasten. Sondern eher: Wenn alles schiefläuft, halte ich immerhin J.Los Stimme auf einem Song von mir in der Hand.

> *Wenn alles schief läuft, halte ich immerhin J.Los Stimme auf einem Song von mir in der Hand.*

Ich setzte mich mit dem ersten Kaffee direkt an meinen Computer und bearbeitete den Song mit *Logic*. Als Gag sang ich die Zeile »¿Qué pasa, J.Lo?« ein, was so viel heißt wie: Was geht ab, J.Lo? So habe ich einen Ausschnitt in unseren Familienchat bei WhatsApp geschickt. Meine Mutter schrieb als Erste: »Super! Wer ist denn die Frau, die da singt?« Meine Schwester tippte: »Das ist doch nicht dein Ernst! Ist das J.Lo? Oder ist das ein Scherz?«

Nein, es war mein voller Ernst. Aber selbst als ich im Flieger nach New York saß, um unser gemeinsames Video zu drehen, dachte ich immer noch: Es kann schief gehen mit J.Lo. Ich hatte sie bisher nicht persönlich getroffen und fragte mich immer noch, warum sie ausgerechnet mit mir einen Song aufnehmen wollte. Ich konnte an nichts anderes denken und malte mir die schlimmsten Szenarien aus: Was, wenn etwas nicht klappt? Und mein Gefühl lag nicht ganz falsch.

In New York traf ich im Hotel zuerst den Regisseur Jessy Terrero, der alle ihre Videos dreht. Ein krasser Typ. Und er sagte ganz locker, als gehörte ich schon lange zum Freundeskreis: »Hey, Alvaro, schön, dich kennenzulernen.« Danach erklärte er mir alle Szenen, die wir filmen wollten. Das Musikvideo sollte mitten in New York ein lässiges Lebensgefühl transportieren, nach dem Motto: Wir sind alle eins, lasst uns zusammen feiern und Spaß haben.

Ich bin dann sofort auf mein Zimmer und habe ein paar Outfits ausprobiert. Am Ende entschied ich mich für ein einfaches T-Shirt mit Jeans. So, wie ich auch als Tourist durch die Straßen laufen würde.

Das Set war der Wahnsinn. Wir drehten in Brooklyn und hatten eine Sicht auf Manhattan, den East River und die Brooklyn Bridge. 30 Tänzer machten sich warm. Und es war schon ein riesiges LED mit dem Schriftzug *El mismo sol* aufgebaut. So einen gigantischen Dreh hatte ich noch nie mitgemacht, und ich konnte nicht fassen, dass ich vor die Kamera sollte.

Nach zwei Stunden hieß es aufgeregt: J.Lo ist da! Und ich traf sie endlich mal live. Sie kam mir mit offenen Armen und breit lächelnd entgegengelaufen und umarmte mich direkt. Ich werde den Moment nie vergessen. Sie sagte: »Wie schön, dass du hier bist und ich bin so froh, dass wir uns persönlich kennenlernen.«

Ich war völlig überwältigt und antwortete: »Ich bin so froh und stolz, dass du meinen Song magst. Ich konnte es kaum glauben, dass du dich bei mir gemeldet hast.«

Einer von J.Los Freunden war im Sommerurlaub in Italien gewesen und hatte ihr meinen Song, der dort bereits im Radio rauf und runter lief, mit den Worten geschickt: »Hey, hör dir das mal an! Ist von einem jungen spanischen Musiker und könnte dir gefallen!« J.Lo hatte den Song laut aufgedreht und sofort angefangen, mit ihren Zwillingen Emme und Max dazu in ihrer Küche zu tanzen. Weil der Rhythmus ihr so viel Freude machte und weil ihr meine Message gefiel: Wir leben doch alle unter derselben Sonne! Also, lasst uns gemeinsam Spaß haben und die Grenzen in unseren Köpfen abbauen. Wir sind alle gleich!

Das erzählte sie mir später. Jetzt sagte sie nur: »Ja, natürlich! Der Song hat mir sofort gute Laune gemacht, und ich mochte deine Stimme.«

Dann wollte sie ans Set und drehen. »Let's go!«, rief sie und winkte mich mit. So fingen wir mit einer Szene an, in der wir beide zusammen singen und tanzen sollten. Ich bin 1,90 m groß, und sie ist 1,64 m. Das war schon bei der Umarmung deutlich aufgefallen. Deswegen musste J.Lo sich auf eine Holz-Palette stellen, also eine kleine Bühne, damit der Unterschied im Video später nicht so krass zu sehen wäre. Aber sie war so entspannt und professionell, sie ist einfach der Hammer und kannte die ganze Choreografie fehlerfrei. Es machte total Spaß, den Song mit ihr immer wieder zu performen.

In der Pause durfte ich sie in ihrem riesigen Trailer besuchen, ihrem persönlichen Backstage-Bereich, der an einem gigantischen Truck hing. In Amerika ist ja immer alles ein bisschen größer und opulenter. Beim Reinkommen hatte man das Gefühl, man steht in einem komplett eingerichteten Wohnzimmer mit Sofas und Fernseher. J.Lo hat mir ihre Tochter Emme vorgestellt, die mit am Set war. Sie war entspannt und persönlich. »Hi, I am Emme«, stellte sie sich vor und reichte mir ganz höflich die kleine Hand. Ihr Zwillingsbruder war nicht mit dabei. J.Lo und ich haben meistens Englisch gesprochen, weil sie das gewohnt ist. Ich bin es ja eher gewohnt, zwischen den Sprachen hin- und herzuswitchen.

Unsere Zusammenarbeit war zu dem Zeitpunkt übrigens schon official. Sie wurde auf der Party zu J.Los 45. Geburtstag geleakt, weil J.Lo in dem angemieteten Club spontan unseren Song laufen ließ. Jemand hat erkannt, dass ich das bin, der da mit ihr singt, und eine Story gepostet. Da haben alle Medien drüber geschrieben. Es war nur ein Snippet und das Bild war ganz dunkel: J.Lo am DJ-Pult, die den Song abspielt. Aber wenn so ein Megastar einkaufen geht, ist das ja schon eine Meldung wert.

J.Lo wollte wirklich nur mit mir singen, weil sie den Song geil fand, und das hat mich echt geehrt. Dass eine Künstlerin wie sie mich zu diesem Zeitpunkt unterstützen wollte, ist wirklich nicht selbstverständlich. Ich hatte gar keine anderen Singles draußen. Es war die einzige Solonummer von mir, die erfolgreich und veröffentlicht war.

Nun könnte man denken: Was hat J.Lo denn davon? Aber in Amerika ist es offener und selbstverständlicher, mit anderen zusammenzuarbeiten, wenn man Lust darauf hat. Diese Feature-Geschichte ist nicht so verkopft wie manchmal in Europa. Da denken die Überflieger weniger: Was passiert, wenn ich mit dem oder der performe? Was habe ich davon oder kann mir das schaden? Da herrscht eher so eine Ach-lass-uns-das-doch-machen-Einstellung. Ich muss es ja gut finden, das reicht.

Ich werde J.Lo ewig dankbar sein. Die neue Version hat mir schließlich einen Durchbruch in Ländern verschafft, die mich noch nicht kannten. Wir haben ja auch eine englische Fassung aufgenommen, die vor allem in den USA gespielt wurde. Ich habe am Set gemerkt, als wir sangen und tanzten, dass sie einfach Lust darauf hatte. Das war's.

Und ich? Ich konnte es nicht glauben. Das sieht man auch im Video, wie ich da so unsicher mit staunenden Augen durch New York laufe. Danach habe ich noch ein paar Szenen allein auf der Brooklyn Bridge gedreht, und als es dunkel wurde, sollte die Szene auf einem Rooftop geshootet werden. Damit es sonnig und hell aussah, gab es einen gigantischen Strahler mit ich weiß nicht wie viel Watt. Unglaublich! Es sah so aus, als sei es taghell. Alle Tänzer waren da und warteten superlange. Ich stand schon auf dem Rooftop. Benny Medina, der Manager von J.Lo – sein Leben ist übrigens die Vorlage für die Sitcom »Prince of Bel Air« –, war auch dort. Wir haben uns mit Rumalbern bei Laune gehalten, denn es zog sich alles hin. Keiner wusste so recht, woran es lag, aber wir hingen ziemlich hinter dem Zeitplan – was allerdings normal ist bei einem Videodreh.

Es war schon zwei Uhr morgens, und ich wurde immer müder. Ich fühlte mich richtig fertig, denn ich war ja erst am selben Tag angekommen und hatte total Jetlag. Ich weiß gar nicht, wie ich das gemacht habe. Ich musste mich total zusammenreißen, damit keiner merkte, dass ich kurz vor dem Kollaps war. So lief ich rum, um nicht im Stehen einzuschlafen wie ein Flamingo.

Da ging dieser Strahler plötzlich mit einem unguten Knack-Geräusch aus! Mit einem Mal war es stockduster. Oh, oh!, dachte ich, das war bestimmt keine Absicht. Alle schrien auch auf: Oh, wow! Was bedeutet das nun? Ich sah, wie alle wild anfingen zu telefonieren. Aber trotzdem bekam ich noch erklärt, wie ich wo stehen sollte. Ich schleppte mich tapfer durch, obwohl es mittlerweile drei Uhr morgens wurde. Schließlich winkte mich J.Los Manager herbei. Er sah total geschockt aus. Mit betroffener und ernster Stimme sagte er: »Okay, Alvaro, ich musste das noch nie in meinem Leben machen, aber wir haben keine andere Wahl. Wir sagen den Video-Dreh ab! Die Leute hier machen Überstunden und mit jeder Sekunde setzen wir mehr Geld in den Sand. Wir bekommen das Licht nicht repariert. Und Jennifer ruft mich dauernd aus ihrem Trailer an, dass sie morgen um sechs Uhr schon wieder für die Netflix-Serie *Shades of Blue* drehen muss.«

Jennifer machte also schon Druck. Ein Wunder, dass sie noch da war, dachte ich. Mir wurde klar, dass J.Lo wirklich hard-working ist und sich nicht auf ihrem Ruhm ausruht. Du würdest nicht denken, dass J.Lo bis zwei Uhr morgens in ihrem Trailer wartet und nicht vorher schon wie eine Diva sagt: Ey, Leute, ich gehe nach Hause, das dauert mir alles zu lange hier. Sie ist da geblieben. Sie war normal. Ich hatte noch nie jemand so Großes kennengelernt und bin bis heute star-struck. Und dann ist sie auch so auf dem Teppich geblieben.

Ich war schon über den Müdigkeitspunkt drüber und hätte den Dreh nicht abgebrochen. Aber ich besaß nicht den Status zu sagen: »Hey, was ist hier los? Ist der Dreh nicht noch irgendwie zu retten?« Mir wäre es das wert gewesen, ich hätte auch noch bis sechs Uhr gewartet und wäre dann erst zusammengebrochen.

Aber nun sollte es mit einem Mal vorbei sein. Alle Tänzer wurden nach Hause geschickt. Und ich stand da mitten in New York auf dem Rooftop, schaute allein auf die Lichter der Großstadt und verfluchte seufzend diesen einen Scheinwerfer, der ausgerechnet heute seinen Geist aufgab. Irgendetwas musste schieflaufen! Es war einfach zu schön, um wahr zu sein. Benny und Joe von meinem Label Universal Music und Ali, mein Produzent, waren alle auch noch am Set. Jetzt gingen wir mit hängenden Köpfen und ohne zu reden zurück ins Hotel, um endlich zu schlafen, und sagten uns: Morgen ist ein neuer Tag, dann checken wir mal, wie wir weitermachen.

Vorher sprachen wir noch mit J.Los Manager. Er erklärte: »Das war Jennifers einziger freier Tag in dieser Woche. Den Rest der Zeit dreht sie *Shades of Blue*.«

Da-Dumm! Geschockt riss ich die Augen auf: »Oh Gott, und jetzt?«

Na, es blieb uns nichts anderes übrig, als die kommenden Tage in New York zu verbringen. Gibt Schlimmeres, schon klar. Aber wenn du ständig warten und bereit sein sollst, nicht weißt, ob und wie es weitergeht, ist das total stressig. Schließlich konnten wir auch nicht ewig bleiben. Und wir waren darauf angewiesen, dass sich in J.Los Kalender eine Lücke auftun würde. Ob wir den Videodreh abschließen konnten wie geplant, stand aber in den Sternen.

Beim Frühstück sagte Joe, dass er erst mal eine Massage bräuchte. Er wollte sich weich drücken lassen und die ganze Anspannung und den Jetlag loswerden. »Ich bin am Arsch. Wer kommt mit?«, fragte er. Ich war natürlich sofort dabei, und so wackelten wir zusammen durch China Town und suchten uns irgendeinen Massage-Salon aus. Der war in so einem Untergeschoss ohne Fenster, und mir wurde etwas mulmig: Was würde da wohl passieren? Werden wir hier ermordet? Wieder waren meine Bedenken nicht ganz unangebracht. Joe und ich waren nur durch eine Pappwand voneinander getrennt, und wir lagen auf wackeligen Liegen. Dann kam so ein unfreundlicher Typ und drückte an mir herum. Er schlug auf mich ein wie bei einer Karate-Übung. Es war so unangenehm. Ich hatte selten solche Schmerzen bei einer Massage, aber ich wollte nicht schreien, damit Joe sich keine Sorgen machte. Wenn mir jetzt auch noch etwas passieren würde, wäre ja alles im Eimer!

Ich habe diese Massage so bereut. Joe ging es genauso schlecht und wir waren noch fertiger als zuvor – und als wir zurück ins Hotel kamen, hatte sich die Lage immer noch nicht geklärt. Benny und Benny hatten schon hin- und hertelefoniert, aber es gab noch keine Lösung. Also entschieden wir, einfach eine Woche zu bleiben und zu warten, was danach passierte. Vielleicht würde Jennifer ja nach ihrem Dreh wieder Zeit haben? Oder sogar zwischendurch spontan? Ich war jedenfalls entschlossen, New York nicht ohne das fertige Video zu verlassen. Ich konnte ja nicht einfach zurück nach Berlin fliegen und dann würde J.Lo sich spontan melden, und ich könnte gar nicht so schnell zurück. Das hätte ich nervlich auch nicht geschafft. So ist mein Team bis auf Joe wieder zurück nach Deutschland, weil sie Termine hatten. Die hatte ich eigentlich auch, aber ich musste sie dann canceln. Ich bin planlos herumgelaufen und habe die Schwester von meinem besten Kumpel getroffen, die in der Stadt lebte. Wir haben uns alles angeschaut: Central Park, Times Square und Empire State Building.

Übrigens hatte ich damals so eine Art, Tagebuch per Sprachnachricht zu führen. Es passierte ja plötzlich so viel in meinem Leben, und ich wollte mich immer daran erinnern. Also sprach ich oft abends auf Englisch, Spanisch oder Deutsch eine Sprachnachricht an mich selbst. Wenn ich die heute höre, muss ich lachen. Ich habe manchmal total unwichtige Details einfach draufgeplappert. Man kennt das, wenn man plötzlich eine sechs Minuten lange Sprachnachricht von einem

Freund bekommt und denkt: Oh shit, jetzt muss ich die abhören, und am Ende ist nur eine wichtige Info dabei. So habe ich mich eigentlich selbst vollgelabert, aber ich denke, das war meine Art, das alles zu verarbeiten. In einer Woche passierte bei mir plötzlich so viel wie sonst in einem Jahr.

Nach ein paar Tagen, als ich schon halb New York abgeklappert hatte, wurde mir klar: Es bringt nichts. Wir müssen zurück. Ich musste zur Probe für die Tour. Länger zu bleiben, wäre ein zu großes Opfer gewesen. Ich hatte auch das Gefühl, dass es nicht mehr klappt mit J.Lo.

So saß ich dann im Flieger und dachte: Mist, nun sind schon alle Medien heißgemacht worden, dass wir das Video präsentieren. Ich hatte auf Instagram auch mit kleinen Backstage-Videos angegeben, die zeigten, dass bald ein krasses Video mit Jennifer Lopez und mir zu sehen sein würde. Aufgewühlt fragte ich Joe: »Was willst du denen denn jetzt sagen? Dass wir in New York waren und das Video nicht gedreht werden konnte, weil ein Scheinwerfer ausfiel? Das glaubt uns doch keiner.«

Joe war auch echt verzweifelt und grübelte den ganzen Flug. Irgendwann kurz vor der Landung kam uns die rettende Idee. Wir hatten das Jahr über backstage ziemlich viel gedreht: In Barcelona, als der Song im Studio entstand, als ich ihn live mit J.Lo performte. Wäre es nicht sogar viel persönlicher, wenn wir ein Video aus den professionelleren Aufnahmen und den Backstage-Szenen zusammenschneiden würden?

Im Nachhinein war es nicht schlecht für mich, zu erleben, dass Dinge schieflaufen, nicht so wie geplant, dass Träume zerplatzen und dann als neue Seifenblase wieder auftauchen. Mit diesem Hin und Her und Up and Down muss man leben. Am Ende zählt das Vertrauen, dass alles gut wird. Und genau das passierte: Am Ende landete der Song auf Platz 1 in den Latin Billboard Charts, und das Video ist zwar nicht so perfekt durchgestylt, wie es mal angedacht war – dafür aber viel nahbarer mit Konzert-Mitschnitten, Szenen aus dem Tonstudio, J.Lo und mir bei unserer kurzen Tanzszene und mit mir, wie ich planlos durch New York irre. So war es eben, und nicht anders.

Im Nachhinein war es nicht schlecht für mich, zu erleben, dass Dinge schieflaufen, nicht so wie geplant, dass Träume zerplatzen und dann als neue Seifenblase wieder auftauchen.

Durch J.Lo hat *El mismo sol* eine coole Melodielinie, mehr Energie, mehr Leben bekommen als die Originalversion, die allerdings authentischer wirkt. Dennoch wurde ich so auch in Spanien endlich als Künstler anerkannt, was mir sehr viel bedeutete. Der Song lief rauf und runter. Es war ein unbeschreibliches Gefühl, dass der Sender Cadena 100 plötzlich meinen Song spielte – das Morgenprogramm hatte ich doch immer auf dem Weg zur Schule gehört! Da verbindet sich bei mir heute noch etwas im Kopf und im Herzen, und alles macht Sinn. Hahaha, übrigens, als ich den Moderatoren das sagte, waren sie etwas beleidigt. Da haben sie sich uralt gefühlt, denn es waren dieselben wie damals.

Zuvor waren die Radios in Spanien eher so eingestellt: Alvaro Soler, wer ist das? Wieso wollt ihr jetzt mit einem Künstler aus Deutschland einen spanischen Song veröffentlichen? Wir haben doch selbst spanische Musik!

Ich bin einer der wenigen spanischen Künstler, die in Europa erfolgreich sind. Das ist verrückt, dass ich dafür erst mein Land verlassen musste. Die spanischen Musiker gehen sonst immer nach Südamerika, weil das natürlich wegen der Sprache der logische Schritt ist.

So habe ich anfangs alle verwirrt. Es ist wie ein Spiegelbild von meinem Leben. Ich fühle mich da auch manchmal diskriminiert, weil man mich nicht einordnen kann. Es gibt keinen Vergleich, keine Fußstapfen, in die ich treten kann. Ich bin ein Unicorn in der Branche. Aber muss man das immer erklären? Die übliche Frage »Wieso sprichst du Deutsch?« will ich am liebsten gar nicht mehr beantworten.

Deswegen war es für mich so ein Aha-Moment, als die Version mit J.Lo in Spanien hoch und runter gespielt wurde. Allerdings haben die Radios die englische Version gespielt. Da kam ich nicht mehr mit. Sogar Fans haben ans Radio geschrieben: Wieso spielt ihr die englische Version, wenn der Rest der Welt die spanische nimmt?

Ich atmete durch, dass ich nun auch in Spanien etabliert war. Besonders überrascht war ich, dass meine Musik in Polen so gut ankam. Im Publikum verstanden die Menschen nicht jedes spanische Wort, aber alle rasteten aus und wir hatten total Spaß. Das ist es, worum es geht: Einfach nur die Welle surfen und irgendetwas mitsingen. Es kommt doch nicht auf die einzelnen Worte an.

Übrigens habe ich den japanischen Markt bisher nicht erobert. Dafür müsste man eine Weile dort sein, und das habe ich zeitlich noch nicht geschafft. Aber ich habe ja mein Video zu *Loca* in Tokio gedreht – das passte einfach, denn Tokio ist ja wirklich ein bisschen verrückt, wenn man die Stadt durch eine europäische Brille betrachtet.

Ich freue mich immer, wenn sich alles in meinem Leben miteinander verbindet.

Übrigens, schaut doch mal auf YouTube: Da gibt es eine Akustik-Version von *El mismo sol*, die ich mit meinen Schulfreunden aus Japan aufgenommen habe. Ich freue mich immer, wenn sich alles in meinem Leben miteinander verbindet.

Irgendwann kam plötzlich eine neue Frage an mich auf: »Hast du Angst, ein One-Hit-Wonder zu sein!?« Da dachte ich: Mann, ey, der Song ist gerade erst rausgekommen! Nun fangt doch nicht an, schon wieder das Haar in der Suppe zu suchen. Lasst uns den Moment erst mal genießen!

Zum Glück hatte ich nicht so viel Zeit, mir selbst Druck aufzubauen: Okay, was jetzt? Was kommt als Nächstes? Natürlich ist es so, dass es viele Beispiele gibt, wo nach dem ersten großen Hit für den Künstler oder die Künstlerin alles vorbei war. Das muss man ernst nehmen. Da kam dann vielleicht die zweite Single zu spät. Oder der Erfolg war so plötzlich, dass das

Team und der Künstler das gar nicht verarbeiten konnten.

Wir wollten in Ruhe an den nächsten Hits arbeiten und entschieden uns dafür, nach Los Angeles zu fliegen, um uns mit verschiedenen Profis zu vernetzen. Zum Beispiel haben wir den Musikproduzenten RedOne von Lady Gaga getroffen, der den Megahit *Poker Face* geschrieben hat. Er hat auch in Madrid gelebt, weil er so ein Fan von Real Madrid ist, dass er das Haus neben Cristiano Ronaldo gekauft hat und sich ein Jahr lang Zeit nahm, die Hymne von Real Madrid zu komponieren.

Unsere Hoffnung war es, einen modernen Worldsound zu kreieren, der international ankam. Wir wollten nach J.Lo auf demselben hohen Niveau bleiben.

Das Studiogebäude sah aus wie ein Bunker, alles dunkel, kein Fenster. Als Simon, Ali und ich ankamen, lief RedOne uns entgegen und sagte im Vorbeigehen auf Spanisch: »Ah, schön, dass ihr da seid. Ich muss meine Kinder abholen, ich komm gleich wieder. Ihr könnt mit Jakke anfangen.«

Ich war erst ein bisschen enttäuscht, weil ich Jakke Erixson noch nicht kannte. Aber dann berappelte ich mich, denn er schlug uns gleich eine Songidee vor. Das war die Ursprungsidee für den Song *Sofía*. Die Melodien klangen schon mal mega. Ich sagte sofort: »Super, lass uns darauf aufbauen!«

Gesagt, getan. Den ganzen Tag verschanzten wir uns im Studio und experimentierten mit Tonfolgen und Harmonien. Zwischendurch fragte ich mal höflich nach: »Hat RedOne eigentlich schon seine Kinder abgeholt?«

Die Antwort: »Er wird es heute nicht mehr schaffen. Aber er kommt morgen.«

»Okay, alles klar.« Ich dachte, so lässig muss man erst mal sein. Da reisen wir extra aus Berlin an, um mit ihm einen Song zu schreiben, und er erscheint gar nicht im Studio. Ich fand das unhöflich. Wir arbeiteten mit einem Writer, den keiner kannte. Ich wusste ja damals noch nicht, dass er megatalentiert war und es echt draufhatte.

Am nächsten Tag haben wir den Song fertiggeschrieben, der ursprünglich *Maria* hieß, weil er von der Trennung von meiner ersten Freundin handelte, obwohl er so fröhlich klingt. Ich wollte dann aber doch keinen Songtitel, der *Maria* heißt. Das war mir zu klischeehaft, dass ich auf Spanisch von einer Maria singe. Und außerdem wollte ich nicht, dass meine Ex-Freundin so erfuhr, dass ich Jahre nach der Trennung noch an sie dachte (okay, nun weiß sie es). Also suchte ich nach einem anderen Namen, der nach derselben Phonetik funktioniert. Das waren Lucía oder Sofía. Es gab keine andere Möglichkeit. Lucía heißt schon ein Song auf einem anderen Album von mir. Und ich dachte: Sofía ist ein sehr schöner Name. Das fanden die anderen zum Glück auch.

Am zweiten Tag kam RedOne übrigens auch nicht ins Studio. Ich habe ihn nie wieder gesehen. Aber es war egal, der Song wurde ein Hit, und er ist immer noch einer der am meisten gestreamten Songs von mir in den letzten Jahren.

Manchmal kann man sogar die Schwäche zu einer Stärke machen, und dann entwickelt sich alles auf fast magische Art, wird am Ende sogar noch besser. Die Erfahrung habe ich auch mit meinem Song *La cintura* gemacht, den wir in demselben Studio in Los Angeles produziert haben. Ich habe beim Entwickeln der Textidee einfach so eine Liedzeile vor mich hingesungen. Das mache ich öfter so: Ich stelle mich ans Mikro und singe einfach drauf los. Da kommt natürlich Quatschtext raus. In dem Fall: *Porque mi cintura ...*, weil das von der Phonetik gut passte. Die Worte sollten aber nur

Platzhalter sein, denn ich bin ja kein Latino-Tänzer mit typischem Hüftschwung.

Doch als ich so weiter herumprobierte, fiel mir ein, dass ich während meiner Zeit in Italien vor allem die wunderbare Eigenart übernommen hatte, über die eigenen Schwächen mit einem Augenzwinkern zu erzählen. Wie geil wäre es, einen Song zu schreiben, der von meinen Unsicherheiten handelt, und nicht von Erfolg bei Frauen und Luxuskarren? Viele singen darüber, was sie können, und ich davon, was ich nicht kann – das fand ich stark.

> *Manchmal kann man sogar die Schwäche zu einer Stärke machen, und dann entwickelt sich alles auf fast magische Art, wird am Ende sogar noch besser.*

Also gab ich in dem Text offen zu: Okay, mein Hüftschwung sitzt nicht so gut. Eigentlich peinlich für einen spanischen Popstar. Aber darum geht es ja im Song: Jeder ist gut so, wie er ist.

Am Ende durfte ich im Musikvideo mit dem Model Toni Garrn ein bisschen Tanzen üben. Da dachte ich: Läuft bei mir. Sie flog sogar direkt nach der Oscarparty nach Kuba, um das Video mit mir zu drehen. Und bei diesem Dreh lief alles perfekt, und es war ein grandioses Erlebnis.

Übrigens habe ich drei meiner Musikvideos auf Kuba gedreht, denn ich fühle eine besondere Verbindung zu diesem Land. Ich liebe es, dort zu sein und die Lebensfreude zu spüren – auch wenn vieles anders läuft als bei uns. Das Internet bricht ständig zusammen, und zum Frühstück gibt es immer nur das, was gerade da ist:

vielleicht mal Eier oder sonst einen Toast. Aber meine Videos wären niemals so gut geworden ohne die kubanischen Vibes und Tänzer darin.

Der Erfolg von *La cintura* war in Europa schließlich so groß, dass wir den Sprung nach Lateinamerika und in die USA wagten. Dafür fragten wir den bezaubernden Latino-Disney-Star Tini und den lässigen US-Rapper Flo Rida an. Beide fanden den Song cool und freuten sich über meine Einladung, einen Remix aufzunehmen. Nun waren wir ja auf der ganzen Welt verteilt: Europa, Südamerika und USA – alle mit vollen Terminkalendern. Was ich aber auf gar keinen Fall wollte, war so ein zusammengeschnittenes Video, wo klar ist, dass sich die Künstler nie gesehen haben. Also drehte ich erst mit Tini in Madrid und flog dann nach Miami, um die Szenen mit Flo Rida aufzunehmen.

Der Regisseur war Alejandro Fernández, der für viele Künstler wie Enrique Iglesias oder Marc Anthony Videos produziert hat. Er kommt aus Kuba und ist wegen der mangelhaften Internetverbindung nur schlecht zu erreichen. Wenn er etwas gedreht hat, muss er gleich die ganze Festplatte nach Miami verschicken, weil er die große Datenmenge niemals über das Internet versendet bekommt.

Ich fühle mich manchmal total abhängig von meinem Handy, schaue dauernd drauf und denke immer, ich muss erreichbar sein. Er kommt einfach so aus, kaum verfügbar, ohne Englisch. Trotzdem sind alle heiß

auf ihn, und die Sets sind immer ziemlich opulent. Das bewundere ich.

Eigentlich plane ich die Videodrehs mit meinem Team vorab immer genau durch. Dieses Mal habe ich aber gesagt: Überrasch mich! So staunte ich nicht schlecht, dass die Produktion für uns mal eben eine Insel ausgeliehen hatte. Ich so: »Was?«

»Ja, wir haben eine ganze Insel und einige Jetskis gemietet. Damit fangen wir an. Du, Alvaro, darfst mit dem Jetski um die Insel brausen!«

Ich dachte: Wow, wie geil ist das denn? Ich liebe ja Geschwindigkeit, weil es mir ein Gefühl von Freiheit gibt, mit dem Auto oder Skateboard einfach herumzufahren. Und klar, natürlich reizt auch der Adrenalin-Kick. Wenn man schon mal in Miami ein Video dreht, dann die volle Ladung! Natürlich ist es alles ein bisschen klischeehaft: Traumstrand und Drohnenshots, wie ich Formationen mit anderen fahre. Aber es hat so viel Spaß gemacht und hey, ich saß auf dem Jetski mit Schwimmweste anstatt oberkörperfrei. Das ist authentisch.

Erst mit Flo Rida nahm aber alles noch mehr Fahrt auf. Er rollte mit fünf schwarzen SUVs am Bootsableger an. Ich weiß gar nicht, wer da alles in seiner Entourage war. Aber Flo Rida brachte gleich ein paar Kumpels und einen Anwalt mit. Oha!

Als Erstes hat er sich in Ruhe umgezogen und trug plötzlich so ein lässiges Strandoutfit ganz in Weiß: T-Shirt und Dreiviertel-Hose. Und natürlich Sonnenbrille, Goldketten und teure Uhr. Dann setzten wir mit einem Boot auf die kleine Insel rüber, wo wir die Tanzszenen drehen wollten. Er begrüßte mich lässig mit einem Handshake und wir plauderten ein bisschen. Jemand aus seiner Entourage erzählte irgendwann, dass er letzte Woche noch im Gefängnis war und jetzt ganz froh sei, chillen zu können. Und ich war so: »Ah, okay, cool.« Ich wusste nicht, was man darauf sagt. Das war eine neue Welt für mich. Shit got real. Der Typ war eben noch im Knast, nun bei meinem Videodreh dabei. Aber warum nicht?

Flo Rida war absolut professionell, die Aufnahmen seiner Parts waren perfekt. Und auch, als es darum ging, einen Teaser für Spotify aufzunehmen, war er sich nicht zu schade, immer wieder zu sagen: »Hey, ich bin Flo Rida und habe einen Song mit Alvaro aufgenommen. Hört rein!«

Das fand ich cool, denn das ist nicht immer selbstverständlich. Es hat mich beeindruckt, und am Ende zählt für mich vor allem das: Die Arbeit und der Respekt stehen im Vordergrund.

Doch dann stahl ein Party-Boot Flo Rida kurzfristig die Show. Als wir so warteten, dass das Set-up fertig ist, alle Tänzer bereit sind, beobachteten wir, wie so eine mit Party People voll beladene Yacht an unserer Insel vorbeifuhr. Die Frauen trugen alle megaknappe Bikinis und teure Sonnenbrillen, die Jungs waren alle betrunken oder high und grölten. Sie wollten näher heranfahren, um zu sehen, was wir da mit den ganzen Kameras machten, und winkten übertrieben rüber. Plötzlich hörten wir einen lauten Knall, und die ganze Meute wurde durchgeschüttelt. Der Kapitän gab noch mehr Gas, aber er kam nicht mehr vom Fleck. Der Motor rauchte und heulte auf. Die ganzen happy Faces sahen auf einen Schlag besorgt aus. Denn die Yacht steckte auf einer Sandbank fest. Es war so absurd. Eine halbe Stunde haben die gebraucht, um da wieder rauszukommen. Und was macht Flo Rida in der Zwischenzeit? Er geht einfach ins Wasser. Erst dachte ich: Spielt er den Retter?, als er da so mit seinen Klamotten ins Wasser stakste. Aber dann legte er sich einfach mit einem Drink ins Meer und ließ sich treiben, als würde er auf einer Poolnudel chillen. Ich dachte: Okay, vielleicht macht man das hier so? Um ein bisschen mit ihm zu connecten, habe ich ihm das dann nachgemacht und bin auch mit den Klamotten ins Wasser und habe mit ihm beobachtet, wie das Titanic-Partyboot vor dem Untergang gerettet wurde.

Als wir wieder trocken waren, konnten wir drehen: wir mit den Tänzern am Strand. Es war eine totale Party – wer hätte das gedacht, dass ich mal mit einem Rapper auf einer privaten Insel vor Miami im Sand tanze und singe? Und in voller Montur im Meer treibe?

Danach fuhren wir wieder aufs Festland, für eine Pause und zum Umziehen. Als ich in meinem Ausgehoutfit wieder vor die Tür ging, sah ich plötzlich auch, wie alle in die dicken Karren stiegen und losrollten. Dabei fehlte noch eine Tanzszene. Ich sprach den Regisseur an: »Sag mal, warum bewegt sich der Autokorso von Flo Rida? Geht er jetzt? Brauchen wir den nicht mehr?« Da war ich wieder froh, einen Manager zu haben, denn nun sollte ihm jemand sagen, dass er nicht gehen darf. Haha! Benny klopfte an die Scheibe eines Autos, wir wussten ja nicht, wer da drin sitzt. Es war eine Lotterie: »Stop!«, rief er. Jemand ließ die Scheibe herunter, es war der Anwalt.

»Warum fahren Sie? Wir sind nicht fertig. Es fehlt noch eine Szene«, sagte Benny recht höflich, aber bestimmt.

Die Antwort: »Wenn Flo Rida fertig ist, dann ist er fertig.«

»Er hat sich nicht mal verabschiedet«, sagte ich noch, als die Scheibe wieder hochging, aber sie fuhren weg.

Erst war ich echt ein bisschen sauer: Warum hauen die einfach ab? Ich mag es nicht, wenn jemand unprofessionell ist – musikalisches Genie hin oder her. Aber dann zuckte ich mit den Schultern und stellte mich darauf ein, für die letzte Szene in der Abendstimmung allein zu sein. Doch plötzlich klingelte Bennys Handy, der Anwalt war dran und sagte: »Flo Rida zieht sich gerade um und kommt dann zurück. Könnt ihr in 20 Minuten fertig sein?«

Ich musste echt lachen und hatte ihm in dem Moment schon wieder verziehen. Auch dass er eine Stunde zu spät war, natürlich.

Er kam dann in einem schwarzen Outfit und war meganice: »Hey, man, ich bin froh, hier zu sein. Lasst uns drehen!«

Benny fragte dann noch einmal nach: »Was war da los?« Der Anwalt meinte: »Er mag Alvaro und wollte wiederkommen. Er fand ihn real und nett.«

Dann haben wir die Nacht-Party-Szene aufgenommen, und am Ende des Videos, bis dahin guckt ja kaum jemand, sieht man, wie ich ihm die Choreografie zeige. Flo Rida hatte zwar den Text voll drauf, aber nicht die Tanzmoves. Und er tanzt »wie ein Croissant«, so nennt man das auf Spanisch. Er hat so viele Muskeln, dass er sich nur langsam bewegt, umständlich irgendwie. Haha, ich hoffe, er liest das hier nie. Wir wissen ja nicht, wer alles in seiner großen Entourage ist.

7
STO IMPAZZENDO?

WERDE ICH VERRÜCKT?

Gerade habe ich mich noch ein bisschen über die Entourage und den Fame-Wahnsinn lustig gemacht. Aber ich sollte bald erleben, dass es fast normal ist, wenn man als prominenter Mensch ein bisschen oder sogar ganz verrückt wird. Vor allem, wenn man total viel Aufmerksamkeit bekommt und alle einen behandeln wie einen König oder so. Um mich herum gibt es Gott sei Dank nur bodenständige Menschen und niemanden, der mir den ganzen Tag sagt: »Alvi, du bist der Beste!« Aber ich kann auch die Meinung von anderen akzeptieren oder eben auch mal Kritik. Justin Bieber feuert seine Leute, wenn sie nicht mit seinen Ideen einverstanden sind. Das klingt durchgeknallt, aber ich kann es auch ein bisschen verstehen. Es gibt Momente, in denen man denkt: Ich bin derjenige, der am Ende für alles dasteht und in Interviews befragt wird. Es ist eine feine Linie. Wir sind das Team, aber es ist mein Name und meine Verantwortung. Wenn etwas schiefläuft, dann erinnern sich alle, wie Alvaro Soler versagt hat.

Damit bin ich natürlich auch für mich selbst verantwortlich, dass ich auf dem Teppich bleibe und nicht ausflippe. Und dass ich mich immer erinnere, dass es nicht selbstverständlich ist, dass für mich viel organisiert und erledigt wird. Deswegen gehe ich immer noch selbst einkaufen, damit ich nicht vergesse, wie das ist. Manchmal sauge ich noch vor den Interviews meine Wohnung durch. Außerdem habe ich mir einen Vintage-Wischmopp bestellt. Wenn ich putze, dann soll es wenigstens gut aussehen, haha! Solche einfachen Dinge schätze ich, und sie haben mir geholfen, als meine Welt komplett irre wurde, weil ich 2016 Coach bei der Castingshow »X-Factor« in Italien war. Wenn ich länger so ein Leben wie zu der Zeit gelebt hätte, dann hätte ich mich selbst verloren.

Aber der Reihe nach: Die Show ist in Italien riesig. Und als Coach, der neue Gesangstalente entdeckt und betreut, bist du einer der vier berühmtesten Menschen des Jahres. Zwei Monate lang ist jede Woche eine Live-Show, die das halbe Land einschaltet, um mitzufiebern. Ein Mega-Druck für alle. Ich habe den Job als einer der Coaches bekommen, weil ich bei Radiointerviews angefangen habe, Italienisch zu sprechen. Erst habe ich immer nur gebeten, dass der Moderator mit mir Italienisch spricht und ich habe auf Englisch geantwortet. Nach einer Weile habe ich mich auch getraut, Italienisch zu sprechen.

»X-Factor« ist die größte Produktion, die ich je gesehen habe. Der Creative Director hat damals mit Michael Jackson auf der Bühne getanzt und ist superkreativ. Ich habe es geliebt, mit ihm Ideen auszuspinnen. Vor meiner ersten Show fragte er mich bei den Proben: »Welche Effekte willst du für die Performance deiner Talente, Alvaro?«

Ich überlegte kurz und sagte dann: »Ähm, vielleicht, Lichter von hinten. Die Stage sollte am Ende hochfahren.« Das waren wohl zu bescheidene Wünsche. Er riss die Augen auf und gestikulierte wild. »Nein, nein, also, ich habe mir überlegt, dass wir ein Schiff aus Holz für die Bühne bauen und das fährt dann während des Songs los!«

»Okay!«

Er hat noch am selben Tag einen Bootsbauer engagiert, um ein Piratenschiff zu bauen, und das ist dann im zweiten Chorus untergegangen. Es sah unfassbar aus. Und es war nur der Anfang von einem der verrücktesten Jahre meines bisherigen Lebens.

Zur Show kamen regelmäßig Stargäste wie Robbie Williams, OneRepublic und Shawn Mendes. Es ist übrigens witzig, dass die Backstage-Bereiche immer auch die Persönlichkeit der aktuellen Bewohner widerspiegeln. Ging man bei Robbie Williams nur vorbei, roch es schon nach Party. Vor seiner Tür war ein Bodyguard postiert, der streng immer nur eine Person hereinließ. Natürlich hatten meine Freundinnen mir vorgeschlagen, dass ich sie mal mitnehmen könnte, wenn Robbie bei der Show auftrat, doch sie hatten leider keine Chance. Wie gesagt: nur eine Person! Als ich so exklusiv mit ihm Zeit verbrachte, fragte er mich über meine Zeit in Japan aus. Er war superneugierig und interessiert.

Bei mir backstage herrschte immer eher familiäre Stimmung, weil alle willkommen waren. Es war sauber und ordentlich, und es standen immer gutes Essen und Getränke bereit: Tiramisu, Wein und Obst.

Privat lebte ich in einem Apartment in Mailand. Das sah ganz normal aus, denn ich hatte es mir selbst ausgesucht. Zwei Zimmer, Küche, Bad. Aber ich bekam einen

Maserati vor die Tür gestellt, und Armani hat mich für die Show ausgestattet. Jede Woche spazierte ich zum Ausmessen in den Armani-Store, und der Schneider sorgte dafür, dass die Anzüge saßen wie eine zweite Haut.

Für mich war die Routine eher der Luxus, weil ich sonst dauernd irgendwo anders war. Nun durfte ich an einem Ort bleiben, und meine Freunde und meine Familie kamen zu Besuch. Ich hatte ein Gästezimmer und konnte sie zur Show mitnehmen. Das war wichtig für mich, damit meine Freunde und Familie verstanden, was es heißt, in der Musikindustrie zu arbeiten. Und wie das alles backstage abläuft. Sonst sieht man nur die Show im Fernsehen. Die ist ja nicht Fake, aber man bekommt nicht mit, was alles dahintersteckt. Wie viel Arbeit, wie viel Vorbereitung, wie viele Wartezeiten. Deswegen mache ich das, sooft es geht, meine Familie und Freunde mitnehmen. Auch für mich natürlich, damit ich meinen Freunden nah bin. Sonst hätte ich ja gar kein Privatleben mehr.

Wobei, in Italien wurde es immer schwieriger, privat zu sein. Ich war superpräsent in der Zeit. Ein riesiges Werbeplakat nur mit mir hing an einem wichtigen Platz in Mailand. Das war für Italien so, als würde ich am Times Square auf einem der Monitore zu sehen sein.

Einmal war eine Schulfreundin aus Japan zu Besuch, und wir sind in irgendein Restaurant gegangen, wie Touristen, die einfach mal etwas essen wollen. Aber auf einmal stand das ganze Restaurant auf. Das war mir noch nie passiert. Alle kramten hektisch ihre Smartphones heraus und wollten ein Foto mit mir machen.

ALLE! Viele Italiener sind ja sehr offen und haben keine Scheu, zu fragen und so lange zu warten, bis sie auch ein Foto haben. Deswegen dauerte das eine Weile, während wir ehrlich gesagt nur Hunger und auch ein bisschen Angst bekamen. Als wir eine ruhige Minute am Tisch gefunden hatten, war meine Freundin fix und fertig und sagte: »Ich wusste nicht, dass du so berühmt bist. Das ist ja fast zum Fürchten.«

Mir war das echt peinlich und ich musste ein bisschen deeskalieren: »Komm, wir bleiben ruhig. Wir sind zum Essen hierhergekommen und das genießen wir nun«, sagte ich. Wir haben uns extra in einer kleinen Ecke verkrochen. Aber alle haben geguckt, das war einfach unangenehm. Auch für meine Freundin. Da kann man verstehen, dass Prominente sich immer in eigene Bereiche zurückziehen oder gleich das ganze Restaurant mieten. Wer will schon, dass alles beobachtet wird: Wie viel du trinkst, ob du beim Essen kleckerst und ob die Frau an deiner Seite eine Freundin ist oder mehr? Das macht etwas mit einem. Der Einzige, der nicht wusste, wer ich bin, war der Kellner. Der fragte total verdutzt ins Lokal: »Was ist denn hier los, Leute? Ich meine, der Kerl sieht nicht schlecht aus, aber warum wollt ihr alle ein Foto mit dem?«

Ich habe auch schon vor Corona manchmal Abstand gesucht. Wenn ich auf der Straße in eine Gruppe Jugendliche gelaufen bin, habe ich die Seite gewechselt,

> *Da habe ich zum ersten Mal gemerkt, wie auch meine Freiheit eingeschränkt war. Ich konnte nicht einfach sagen, dass ich kurz mal zum Strand gehe.*

weil ich wusste: Das kann dauern, wenn die mich jetzt erkennen. Und ich musste noch schnell einkaufen und hatte keine Zeit für Fotos. Da habe ich zum ersten Mal gemerkt, wie auch meine Freiheit eingeschränkt war. Ich konnte nicht einfach sagen, dass ich kurz mal zum Strand gehe. Entweder du rennst direkt ins Wasser und versuchst, so weit herauszuschwimmen, dass du fast in Mallorca bist, damit dich keiner erwischt – oder du bleibst zu Hause. Es ist auf jeden Fall unmöglich, einfach am Strand zu liegen und sich entspannt zu sonnen. Das muss man akzeptieren. Und das ist schwierig. Weil man natürlich keinen Bock hat, dass die eigene Freiheit eingeschränkt wird. Es ist so ähnlich wie bei Corona. Der Unterschied ist nur, dass bei Corona die ganze Welt im selben Boot sitzt und da durch muss. Ich war damals alleine. Meine Band fuhr auch mal ans Meer zum Schwimmen, und ich musste im Backstage-Bereich bleiben, weil die Security sagte: »Hey, Alvaro, bitte bleib hier, geh nicht an öffentliche Plätze. Wir sind nicht so viele und können keine Menschenmenge in Schach halten. Das kann ja auch für Kinder gefährlich werden und es kann sich jemand verletzen.«

Wer geht dann noch raus, wenn er Kinder in Gefahr bringen könnte?

Ich war immer froh, nur drei oder vier Tage in Italien zu sein – und nach Berlin zu pendeln. Manchmal wurde ich schon auf dem Weg nach Italien im Flieger erkannt, und alle haben einfach Fotos von mir gemacht. Ich wurde sogar geweckt dafür. Ich liebe Italien und die Italiener. Mein Herz geht auf, wenn ich an das wunderbare Land denke. Aber in der Beziehung kennen sie wenig Scham und Respekt. Ich war immer in Alarm-Stimmung, wenn ich wieder fliegen musste und sich schon beim Check-in eine Menschentraube um mich bildete. Das soll nicht komisch klingen, aber Maske und Abstand sind für eine bekannte Person gar nicht so schlecht. Außer in Berlin – da erkennt mich niemand. Ich glaube, das liegt daran, dass in der Stadt vor allem Techno gehört wird. Oder dass die Menschen nicht so zum Fan-Kult neigen. In Spanien und Deutschland kennt man meine Musik, aber nicht alle wissen, wie ich aussehe. Eher nur die Menschen, die »The Voice Kids« anschauen oder »Sing meinen Song« gesehen haben. In Italien weiß jeder, wie ich aussehe. Eben durch die sehr quotenstarke TV-Präsenz und die ganze Berichterstattung der Medien drumherum.

Auf Dauer ist es zu viel, mit dieser permanenten Aufmerksamkeit umzugehen. Mit der Zeit gewöhnt man sich zwar daran, versucht dabei entspannt zu bleiben. Manchmal ist es aber sehr anstrengend. Ich war einfach zwischendurch mal fertig. Wenn du den ganzen Tag von einem Interviewtermin zum anderen rennst, dann noch Proben hast und nur noch nach Hause oder ins Hotel möchtest, dann hast du keine Energie mehr für Autogramme und Selfies.

Einmal saß ich im Auto vor dem Hotel und sah schon die vielen Menschen dort warten. Ich dachte: Bitte, ich will jetzt mal nicht höflich sein, ich will nur in mein Zimmer, mich umziehen, Zähne putzen und sofort wie ein Stein ins Bett fallen. Auf der anderen Seite fühlte ich mich natürlich geehrt, dass Menschen auf mich warteten. Und für wen mache ich das, wenn nicht für diejenigen, die meine Musik lieben und hören? Meine Fans unterstützen mich durch ihre Liebe und die Aufmerksamkeit so sehr. Da will ich auch wieder etwas zurückgeben, wenn sie auf meine Konzerte kommen oder mir viele schöne Kommentare auf Social Media dalassen. Das ist ein Geschenk, und das ist viel größer als du selbst und deine Müdigkeit. So atmete ich einmal tief durch und verbrachte so viel Zeit mit meinen Fans, bis alle glücklich mit einem Foto von uns nach Hause gehen konnten und ich auch zufrieden einschlafen durfte. Natürlich, wie ein Stein!

Ich bin sehr dankbar für meinen Erfolg, und deswegen mache ich das und bin immer freundlich. Und ich habe die Kraft, weil ich mit einem kleinen Hallo oder einem Foto so viele Menschen auf einmal happy machen kann. Das ist das Schönste an meinem Job.

Schließlich will ich noch so lange es geht von der Musik leben und mache mir ab und zu Druck, noch mehr Hits zu liefern. Aber mir wurde auch manchmal mit Schrecken bewusst, dass die *El-mismo-sol*-Erfolgswelle nicht wie ein Erasmus-Studienjahr ist, wo du einmal deine Heimat verlässt, Erfahrungen sammelst und dann wieder zurückkommst. Es gab kein Zurück. Das normale Leben würde nie wieder so sein wie vorher. In meinem neuen Leben musste ich mich erst einmal einfinden.

Es gab kein Zurück. Das normale Leben würde nie wieder so sein wie vorher.

Meine Promoterin in Italien, die meine Termine mit den Radiosendern koordinierte, sagte mal am Ende eines 14-Stunden-Tages ohne Pause im Auto zu mir: »Das macht dich aus, dass du immer für die Fans da sein willst. Aber Alvaro, man kann nicht mit jedem ein Foto knipsen. Das macht fast keiner.« Sie erinnerte mich immer daran, wenigstens im Auto mal das Handy wegzulegen, die Augen zuzumachen und durchzuatmen. »Du musst auf dich aufpassen, denn wenn du nicht mehr kannst, hat niemand was davon«, sagte sie. Und das nehme ich immer noch ernst. Ich habe Regeln, um mich selbst zu schützen. Ich kann auch mal tagelang durchpowern, aber dann brauche ich wieder Zeit zum Schlafen und Chillen. Und es ist völlig okay, auch mal Nein zu sagen und eine Grenze zu ziehen. Manchmal muss man das sogar aus der Not heraus machen.

Als mein Erfolg so rasch zunahm, begannen ein paar hartgesottene Fans, mir überallhin zu folgen. Sie reisen mir hinterher und geben ihr ganzes Geld für die Flüge und Hotels aus. Das ehrt mich und ich freue mich immer, bekannte Gesichter in den ersten Reihen zu sehen. Aber ich spüre auch immer eine Verantwortung.

Es gab eine junge Frau, die mir permanent folgte. Sie war erst lange Zeit Fan von Enrique Iglesias und dann entschied sie: Ich bin jetzt Team Alvaro. Ich weiß nicht, was passiert, wenn wir mal zusammen singen sollten, haha! Ich habe sie immer bei Konzerten gesehen und manchmal dachte ich: Mhm, sie kommt allein und sieht dabei auch ein bisschen verwirrt aus. Sie trank nicht genug Wasser und wirkte geschwächt. Einmal musste ich sogar mitten im Song das Konzert unterbrechen, weil sie ohnmächtig wurde. Ich sagte durchs Mikro: »Bitte hört auf nach vorne zu drücken, und geht zurück.« Die Securitys zogen sie heraus, und es ist nichts passiert, aber trotzdem konnte ich erst weitersingen, als ich wusste, dass es ihr gut geht und sie wieder bei Bewusstsein ist. Bei Konzerten fühle ich mich wie der Gastgeber, und mir ist wichtig, dass es allen gut geht. Wie könnte ich da fröhlich weiter Party machen, wenn ein Gast kollabiert?

Ab und zu biete ich auch vor der Show noch Backstage-Meet&Greet-Tickets für Fans an. Wir sind dann eine kleine Gruppe, und ich erkläre den Soundcheck, alle bekommen ein Poster mit Autogramm und ein paar Minuten Zeit mit mir. Mir hat mal jemand gesagt, dass die Fans so verrückt sind wie der Künstler selbst. Also war ich immer ganz sorglos und dachte mir: Meine Fans sind megarespektvoll und eher normal verrückt, also nicht so durchgeknallt und unberechenbar. Und so ist es auch immer gewesen, bis auf die eine Ausnahme. Als diese junge Frau an der Reihe war, hat sie ganz plötzlich versucht, mich auf den Mund zu küssen. Das geht natürlich nicht! Ich konnte ausweichen und sagte ihr: »Wow, das ist zu viel!« Beim nächsten Mal war sie wieder dabei und kam sogar direkt auf mich zugerannt, um mich zu küssen. Ich war total erschrocken, und wir beschlossen, sie sollte nicht mehr dabei sein und für Unruhe sorgen. Das war auch den anderen gegenüber unfair. Irgendwann hat sie es verstanden und hat mir auf Instagram eine persönliche Nachricht geschrieben, um sich zu entschuldigen: »Es tut mir so leid. Ich war psychisch nicht so stabil. Das kommt nicht wieder vor.«

Bei einem der nächsten Konzerte habe ich sie aus meinem Backstage-Bereich in Amsterdam gesehen. Sie stand auf der Straße im strömenden Regen, stundenlang. Das war ein dramatischer Anblick, aber ich konnte nichts machen. Dieser Moment hat sich bei mir eingeprägt. Mein Herz ist kaputtgegangen – sagt man das so? Egal, ich konnte das nicht ignorieren. Ich weiß, es ist nicht meine Schuld oder meine Verantwortung. Aber ich kann trotzdem nicht ignorieren, dass da jemand zu meinem Konzert anreist und eigentlich Spaß haben soll und dann in der Kälte steht. Ich fühlte mich für ihr Wohlergehen verantwortlich.

Da habe ich ihr wieder erlaubt, beim Meet&Greet dabei zu sein. Sie hat sich voll bei mir entschuldigt, und ich habe lange mit ihr geredet. Ich wollte sie nicht verurteilen, sondern verstehen, was genau bei ihr los ist. Denn das ist ja kein normales Verhalten, oder? Sie erzählte mir, dass sie bei der Arbeit gemobbt wird und dass sie kein Geld hat, weil sie alles für die Konzerte ausgibt. Sie sprach sogar Spanisch, das sie extra für mich gelernt hatte. Ich sagte zu ihr: »Ey, vielleicht musst du auch mal an dich denken. Ich freue mich zwar, wenn du kommst und respektvoll bist, aber such dir doch einen anderen Job.« Ich habe ihr auch noch gesagt: »Vielleicht würde es dir helfen, mit einer Therapeutin zu sprechen. Das mache ich auch, wenn es mir mal nicht so gut geht.«

Nach ein paar Monaten kam sie dann wieder zu einem Konzert – dieses Mal nicht allein, sondern mit ihrer Mutter. Sie sah gesünder aus und verkündete mir stolz: »Ey, Alvaro, mir geht es viel besser! Ich passe jetzt auf mich auf, und halt dich fest, ich habe sogar einen neuen Job gefunden!«

Ich habe mich ernsthaft mega gefreut. Und sie war auch nicht mehr übergriffig. Sie hatte meine Grenzen verstanden und respektierte sie. Ihre Mutter sagte mir: »Ich bin froh und dankbar, dass meine Tochter von jemand Fan ist, der so normal und verständnisvoll ist.«

Natürlich war ich anfangs auch mal kurz davor zu sagen: Haltet mir die Verrückte vom Hals! Ich habe keine Zeit für so eine Scheiße! Aber dann hätte es nicht dieses Happy End für uns beide gegeben – und das traurige Bild von ihr, wie sie im Regen steht, würde mich vielleicht noch wie ein Gespenst verfolgen.

Ich finde es übrigens immer noch komisch, wenn Menschen mich auf der Straße erkennen. Daran gewöhne ich mich vermutlich auch nie. Wenn ich Berlin verlasse, mein Normalo-Leben, und nach Italien komme, fühlt sich das erste Foto, das Fans von mir wollen, immer noch merkwürdig an und ich frage mich: Wieso möchte da jemand mit mir ein Foto machen? Aber nach einer Weile wird das dann auch wieder meine Normalität.

Zum Glück hat die verrückte Zeit in Italien nur zwei Monate gedauert. Es war total genial, diese wahnsinnige Welt mal zu erleben. Aber nach einer Weile fingen einige meiner Werte an zu wackeln, besonders die Demut. In meinem Backstage-Bereich standen immer super Geschenke, die mir zugesandt wurden – von Blumen bis zu teuren Schuhen. Ich wurde zwischendurch mit einem Privatjet zu einer Award-Show nach Polen eingeflogen. Alles wurde für mich erledigt, und alles war möglich. Wenn ich einen Tisch in einem guten Restaurant wie dem Nobu wollte, dann bekam ich ihn. Ich wurde zu allen wichtigen Events und Partys eingeladen. Am Ende dachte ich: Puh, wenn ich noch länger in dieser Bubble gewesen wäre, dann wäre ich vielleicht auch anders geworden. Hätte Allüren entwickelt und gedacht, das sei alles selbstverständlich. Dass alle Menschen mich mögen und ich verwöhnt werde – ohne etwas dafür tun zu müssen. Okay, ich mache Musik, aber dafür erwarte ich keine Gegenleistung. Mir reicht die Freude, die zu mir zurückkommt. Aber genau dieser Punkt hat mich irgendwann beunruhigt, denn heißt es nicht: Du zahlst für alles einen Preis? Und was wäre, wenn dieser Preis erst später in meinem Leben kassiert werden würde? Also, dass ich dann irgendwann nicht mehr ich selbst wäre und meine Normalität verschwunden? Nein, danke!

> *Puh, wenn ich noch länger in dieser Bubble gewesen wäre, dann wäre ich vielleicht auch anders geworden.*

8

DE VUELTA A LA REALIDAD

ZURÜCK IN DIE REALITÄT

Ich bin mittlerweile gut darin, ein Zuhause für mich zu erschaffen, wo ich nicht zu Hause bin. Aber ich brauche natürlich auch eine echte Homebase. Besonders dankbar bin ich für mein eher bodenständiges Leben in Berlin, zu dem ich immer zurückkehren kann. Ich freue mich dann, in mein Lieblingscafé in Friedrichshain zu spazieren, der nette Kellner grüßt freundlich und weiß genau, welchen Kuchen ich gern mag, weil ich schon so lange in der Gegend wohne.

Ende 2020 bin ich mitten während des zweiten Lockdowns in meine erste eigene Wohnung gezogen. Davor habe ich zwei Jahre lang mit meinem Bruder in einer WG gelebt (okay, er sagt, es waren nur zwei Monate, weil ich nie da war), die nur ein paar Schritte entfernt liegt. Deswegen können wir uns immer noch gegenseitig besuchen, und allein das ist ja schon Heimat für mich, denn niemand in Berlin kennt mich so gut wie mein Bruder, und wir können abends nach der Arbeit zusammen ein Bier trinken, uns eine schöne Dorade machen und auf Spanisch quatschen.

Greg zog damals kurz nach mir auch nach Berlin, um zu sehen, was für ihn in der Musikwelt möglich ist. Derzeit jobbt er immer ein paar Tage in der Woche bei einem Lieferservice und versucht, mit seiner eigenen Musik erfolgreich zu werden.

Bei uns in der Nähe wohnen auch meine Produzenten und Freunde Ali und Simon – also fühle ich mich fast wie in einem Dorf. Ich kann mich spontan mit meinen Freunden treffen, das ist mir sehr wichtig. Meine Wohnungstür steht immer offen, und ich liebe es, wenn dort Besuch ein- und ausgeht, wir zusammen in den Kühlschrank schauen und dann daraus spontan etwas zu Essen machen. Danach singen und tanzen wir vielleicht im Wohnzimmer oder chillen auf meinem Balkon.

Jedenfalls habe ich fast alles in der Wohnung allein renoviert, aufgebaut und eingerichtet. Mein heutiger Manager Andi meinte: »Alvi, du weißt, du kannst jemanden dafür bezahlen, dass er deine Wohnung streicht? Du hast eigentlich keine Zeit dafür.« Er kennt ja meinen immer supervollen Terminkalender. Ich habe das ignoriert und dies wiederum tatsächlich zwischendrin auch bereut – wenn du eine Stunde nur abgeklebt hast und schon nicht mehr kannst, bevor das Streichen beginnen soll. Natürlich habe ich nach der 50. Schraube auch keine Lust mehr, einen Schrank aufzubauen. Aber ich finde es bereichernd und motivierend, mir selbst mein Zuhause zu erschaffen. Wenn man sich alles vorbereiten lässt und in eine perfekt gemachte Wohnung kommt, dann hat sie keine Seele. Also, es muss ein bisschen wehtun, um eine Verbindung zu schaffen und die eigene Energie einzubringen.

> *Aber ich finde es bereichernd und motivierend, mir selbst mein Zuhause zu erschaffen. Wenn man sich alles vorbereiten lässt und in eine perfekt gemachte Wohnung kommt, dann hat sie keine Seele.*

Kleine Hindernisse und Probleme können auch echt zu einer lustigen Story werden. Eines hektischen Tages, mitten während des Drehs zu »The Voice Kids«, kam ich plötzlich nicht mehr in mein Badezimmer, weil der neue Waschtrockner ausflippte. Er tanzte beim Schleudern und rutsche so weit nach vorne, dass die Tür blockierte.

In meiner Not fragte ich meine Follower auf Instagram: »Leute, was mache ich jetzt? Help!« Und sofort waren da die allerbesten Fans zur Stelle und schrieben mir auf meine Story ganz viele Tipps wie: Wieso schiebst du nicht ein Brett unter der Tür durch? Leider waren die Versuche alle vergebens. Mein Kumpel Benni hatte schließlich die Idee, die Tür aufzusägen. Das hat geklappt. Leider musste ich dann eine Weile mit dem Loch in der Badtür leben, aber es gibt Schlimmeres. Danke noch mal an alle!

Wer mich in meiner Wohnung besuchen kommt, wird einen ganz persönlichen Stil-Mix erleben. Meine Wohnung, das bin ich. Wenn man reinkommt, sieht man zwei Gitarren an der linken Wand hängen, gegenüber steht gleich das Klavier und über meinem Sofa mit vielen bunten Kissen hängt ein selbstgemaltes Bild. Das versteht keiner, denn es ist einfach ein Farbenmeer, so wie beim Holi-Fest in Indien. Aber irgendwie schafft es eine gute Stimmung, jedenfalls für mich. Auf dem Balkon wollte ich Auberginen, Tomaten und Physalis hochziehen – sie haben sich aber leider verabschiedet, als ich für einen Musikdreh eine Woche in Barcelona war. Wichtig ist mir natürlich auch mein Küchentresen, wo ich die meiste Zeit verbringe, aber dazu später mehr.

Was noch auffällt: Mein Faible für Gebrauchtes. Für manche Menschen ist das ein No-Go, sie wollen nichts besitzen, was ein anderer schon benutzt hat. Ich hingegen liebe gebrauchte Kleidung (okay, bis auf Schuhe), Möbel und Oldtimer. Für mich erzählen diese Dinge Geschichten, längere als »Made in China«.

> *Für mich erzählen diese Dinge Geschichten, längere als »Made in China«.*

Sie fühlen sich lebendiger an und auf eine Art auch nachhaltiger, denn schließlich haben sie schon eine Weile überstanden und scheinen robuster zu sein als so manche Ware, die billig produziert wurde und massenhaft hergestellt wird.

So schaue ich gerade beim Schreiben auf eine 60er-Jahre-Kommode aus Dänemark. Sie ist braun und hat ganz viele kleine Schubladen, worin ich meinen ganzen Krimskrams verstecke. Das Holz riecht so gut, und ich finde es cool, dass die ein Däne hier mit dem eigenen Van hergebracht hat. Er kommt immer mal wieder nach Berlin, um Sachen bei einem Antiquitätenhändler abzugeben und coole Teile aus den 70er-Jahren wieder mit nach Dänemark zu nehmen, weil er die Möbel aus der Epoche so gut findet. Mir gefällt natürlich daran, dass sich so wieder verschiedene Kulturen und Stile mischen.

Besonders fällt bei mir im Wohnzimmer das Vintage-Klavier auf – mit den Messing-Haltern für Kerzen und dem altmodischen Look mit kaiserlichen Staatsmedaillen von 1912. Mein Klavier hat wohl mal Schönheitswettbewerbe gewonnen, sage ich mir. Es ist ein Erbstück einer Familie aus Bielefeld, das aber von den Enkeln nicht mehr genutzt wurde. Ich fand es zufällig bei einem Antiquitätenhändler für Klaviere in Berlin. Es verstaubte in einer Ecke, und ich musste mich sofort dransetzen und spielen. Es klang unperfekt. Aber ich habe mich direkt verliebt, wie es so meine Art ist. Das Klavier ist mit viel Liebe zum Detail erbaut worden, um Jahrzehnte zu überstehen, und das hat es geschafft. Mal sehen, wie lange es noch überlebt. Ich spiele jedenfalls so oft ich kann darauf, und es macht mich glücklich zu wissen, dass dieses Instrument eine Geschichte hat. Es ist außerdem nie verstimmt, was ein bisschen magisch ist. Man kann also sagen: Es ist immer gut gelaunt.

Ich habe mal von einem Musiker aus Nashville eine wunderbare Aussage gehört, die ich nie vergesse: »Before you buy a guitar, if you hold it and the body feels warm, then you know there are a thousand songs in it.«* Ob nun eine Gitarre, ein Klavier oder eine Trommel – das Instrument schenkt dir also den Song, du musst ihn einfach nur herausspielen. Das finde ich eine unglaublich schöne Vorstellung. Umso mehr, wenn das Klavier mit seinen rund 110 Jahren echt schon weise ist. Ich bin so froh, dass es den Weg zu mir gefunden hat.

---

* *Übersetzt: Bevor du eine Gitarre kaufst, wenn du sie hältst und sich der Körper warm anfühlt, dann weißt du, dass dort tausend Songs drin sind.*

Ähnlich geht es mir auch mit Oldtimern. Ich habe schon oft geschrieben, dass ich Design und Autos liebe. Die neuen Designs gefallen mir aber meist nicht so gut wie retro. Es steht auch nicht alle paar Wochen ein neues Auto vor meiner Tür, in Berlin habe ich gerade gar kein Auto, denn hier kann ich entspannt mit dem Fahrrad fahren oder immer etwas ausleihen, wenn ich es brauche: einen E-Scooter oder ein E-Auto. Aber wenn ich mal Zeit habe, dann liebe ich Roadtrips mit meinem alten Auto, das ich mal vor der Schrottpresse gerettet habe und das in Spanien geparkt ist.

Ich fahre gern los, ohne ein Ziel zu haben. Dann lasse ich mich einfach von meiner Intuition leiten und lande ganz oft an besonderen Orten. Dieses Auto ist das erste Mal in den USA angemeldet worden und kam dann irgendwie wieder zurück nach Europa. Manchmal male ich mir den Grund dafür aus: Vielleicht hat der Besitzer es an irgendwen verschenkt. Ich weiß nicht viel über das Auto, weil es papier- und obdachlos war. Ein Kumpel von einem Kumpel erzählte mir von dem Auto, und ich wollte es unbedingt sehen. Als richtiger Oldtimer-Fan achtet man natürlich darauf, dass das Auto noch aus vielen Originalteilen besteht, weil es dann wertvoller ist. Aber mir war das egal. Ich habe eher gedacht: Das ist ein Auto, das Hilfe braucht, um wieder schön zu werden und einen neuen Besitzer zu finden. Also adoptierte ich es und freue mich nun, wenn ich beim Fahren den Motor höre. Das gibt mir ein Gefühl von Freiheit und diesen besonderen Flow, den ich vom Musikmachen kenne. Ich bediene dann zwischendurch die Heizung mit einem Hebel an der Seite vom Sitz. Das macht natürlich keinen Sinn und ist auch nicht praktisch. Die Sitze in einem Oldtimer sind auch alles andere als bequem, aber was soll ich machen? Ich hatte mich nun mal verliebt!

Übrigens habe ich auch meine erste Freundin zu unserem allerersten Date mit dem alten Seat Seiscientos von 1969 von meinen spanischen Großeltern abgeholt. Das war allerdings nicht so eine super Idee. Ich hatte alles wunderbar geplant, eine schöne Sonnenblume gekauft und mir (viel zu viel) Gel in die Haare geschmiert. Ich wollte auch superpünktlich sein, aber natürlich – das Auto hat sein Eigenleben. Es fing plötzlich an zu schnaufen und zu qualmen. Und bei mir brach so ein blöder Wutanfall aus, den man nur im Auto bekommt. Das kann man sich ja denken. Ich war schick gemacht und musste dann meinen Kopf unter die Motorhaube stecken. Mit Ach und Krach habe ich es dann noch zum Date geschafft – und mit rotem Gesicht und dreckigen Händen. Aber dank dieses alten Autos mit störrischer Seele kann ich nun diese Geschichte erzählen.

Unser Professor an der Uni bat uns mal, einen Lieblingsgegenstand mitzubringen. Alles war erlaubt, außer so was wie ein iPhone, das ja jeder kennt. Einer hatte eine nicht besonders schöne Tasse mitgebracht. Der Henkel war schon leicht abgebrochen, und sie hatte ein ganz schlichtes Design. Aber der Besitzer erzählte, dass sie für ihn wertvoll sei. Er meinte, sie würde perfekt in seine Hand passen, und sie sei ausreichend groß für seinen Kaffee mit Milch in einer guten Menge. Und sie sei an einem besonderen Tag kaputtgegangen, nämlich, als er seinen Vater nach langer Zeit wiedergesehen habe. Diese, nun ja, abgenutzte Tasse erinnere ihn daran.

Um die Geschichten geht es. In Japan ist es üblich, dass eine Tasse, die einen Riss bekommt, mit Gold wieder gekittet wird. Das finde ich eine wunderschöne Art: Der Bruch, das Unperfekte, veredelt das Gefäß.

In Japan ist es üblich, dass eine Tasse, die einen Riss bekommt, mit Gold wieder gekittet wird.

Besonders bei Kleidung denken viele, Secondhand sei Schrott, irgendwie igitt. Aber wer in meinen Kleiderschrank schaut, sieht neben ein paar Skinny Jeans (stehen mir am besten) und flauschigen Rollkragenpullovern (trage ich ab und zu, um bei Kälte meine Stimme zu schonen), ganz viele Vintage-Hemden und -Jacken. Einige davon kennt man aus meinen Videos, von Konzerten oder Plattencovern. Ja, und ich trage sie öfter. Es ist mir egal, wenn jemand sagt: Alvaro hat schon wieder das bunte Hemd mit den interessanten Mustern an. Ich habe mich eben dazu entschieden, nicht zu jedem Anlass von einer Stylistin neue Klamotten gereicht zu bekommen und sie danach zu entsorgen. Ich habe sie auf der ganzen Welt aus Vintage-Stores zusammengesammelt. Und alle tragen ihre eigene Geschichte. Natürlich kann man mit neuen Teilen auch wieder neue Geschichten kreieren, aber das dauert eine Weile. Und bei Massenware ist es ein wenig schwer, unique zu sein.

Angefangen hat meine Liebe zu Vintage übrigens durch einen Gag. Ich wollte mit Freunden auf ein Konzert in Bilbao gehen. Da war ich aber schon so bekannt, dass ich unmöglich einfach so im Publikum hätte stehen können. Ich bin ja so groß und falle dann doch irgendwann auf. Also hatten meine beiden spanischen Kumpels eine Idee: Wieso ziehen wir uns nicht total verrückt an, damit uns niemand erkennt? Daraus haben wir uns einen riesigen Spaß gemacht. Ich kaufte mir eine schwarze Brille mit Fensterglas und eine französische Baskenmütze, was ich nie tragen würde. Dann bummelten wir in einem Vintage Store, und ich suchte mir ein buntes Hemd im 70er-Jahre-Stil aus – mit Pferdemotiven und wilden Mustern. Da dachte ich schon: Ach, irgendwie ist das originell, und es trägt nicht jeder. Außerdem hat es nur 20 Euro gekostet. Das ist ja sogar günstig für die gute Qualität. Mein sparsames Katalanenherz! Meine Freunde griffen auch nach bunten Hemden. Allerdings dachten wir: Mhm, das reicht noch nicht. Der Bart! Am Bart werden sie mich erkennen. Also gingen wir noch zu einem Barbier und wir alle drei sagten mutig: »Einmal anders, bitte!« Meine beiden Freunde waren einfach solidarisch – und erlebten dann eine krasse Überraschung. Wir setzten uns in die Sessel, ließen die Lehne nach hinten fahren und sahen erst am Ende, als wir wieder hochgefahren wurden, im Spiegel das Ergebnis. Wir haben geheult vor Lachen. Ich sah aus wie einer von den drei Musketieren, mein einer Freund sah aus wie der Bösewicht von Aladdin und der andere wie Robert Downey Jr. als Tony Stark. Insgesamt kamen wir uns wie Drogendealer aus den 80er-Jahren vor. So hätte uns ganz sicher niemand erkannt – aber wir wären auch nicht auf das Konzert gekommen. Deswegen mussten wir die ganze Stil-Explosion wieder ein wenig runterdrehen. Denn Bilbao ist eher etwas posh, nicht so hippiemäßig, da wären wir auf jeden Fall doch wieder aufgefallen. Wir zogen also Jeans an, ich behielt meine Brille und das Vintage-Hemd, das ich bis heute immer noch trage. Es ist von Laura Ashley, und witzigerweise habe ich auch in Madrid wieder ein ähnliches Hemd von der Marke gefunden. Ja, und dieser Verkleidungsspaß hat mir nicht nur einen entspannten Konzertabend gebracht, sondern eben auch meine Leidenschaft für Vintage-Klamotten, die einfach für mich mehr Herz haben als aktuelle Markensachen.

Ich kombiniere die natürlich auch mit neuen Teilen und mit Schmuck. Es fällt ja auf, dass ich gern Ketten und Armbänder trage. Ketten liebe ich einfach, und Armbänder trage ich auch, damit meine Arme nicht so lang aussehen, haha! Ich finde sie auf Kunsthandwerkermärkten oder in kleinen Geschäften in Berlin. Die persönliche Atmosphäre dort gefällt mir, und oft kann ich mir den Schmuck auch noch so anpassen lassen, wie ich es mag, weil die Verkäuferinnen die Einzelteile selbst herstellen.

Tatsächlich habe ich schon als Jugendlicher gern Ketten getragen, es dann aber erst mal wieder gelassen, weil ich dachte, es ist vielleicht uncool. Aber zu Anfang meiner Karriere hatte ich eine Beratung bei einer Sty-

listin, und die hat mich wieder auf die Idee gebracht, indem sie sagte: »Hey, ich glaube, dir würden Ketten gut stehen.« Jetzt, wo ich meinen eigenen Stil gefunden habe, arbeite ich manchmal noch mit ihr zusammen, wenn sie zum Beispiel für einen Videodreh bestimmte Outfits besorgt.

Ich kaufe selten etwas Neues und sortiere oft aus, dann gebe ich meine Klamotten an soziale Einrichtungen. Aber ich denke auch, man braucht nicht allzu viele Dinge. Meine Wohnung ist nicht besonders groß, ich will sie nicht vollstopfen. Und es ist nie schlecht, seine Augen nach gebrauchten Dingen aufzuhalten oder unter Freunden und Geschwistern zu tauschen.

Einmal habe ich einfach einer Tänzerin bei einer TV-Performance von *La cintura* in Paris eine Jacke abgekauft, die mir echt gefiel. Die coolsten Vintage-Jacken sind öfters Frauenjacken. So kann man eben auch an seine Sachen kommen. Und so habe ich automatisch meinen eigenen Stil, den kaum jemand anderes trägt. Blöd ist nur, dass ich auf die vielen Fragen zu meinen Hemden, die ich über Social Media bekomme, immer antworten muss: »Sorry, das Hemd ist Vintage. Das gibt es nur einmal!« Deswegen habe ich mir schon überlegt, entweder einen eigenen Vintage Store aufzumachen, wo ich tolle Fundstücke verkaufe und so auch andere für gebrauchte Kleidung begeistern kann. Oder aber mein eigenes Label mit Looks in Vintage-Optik zu kreieren, die nachhaltig hergestellt werden. Mal sehen! Auf jeden Fall finde ich das besser als die üblichen Fan-T-Shirts. Und mir ist es wichtig, dass die Dinge fair und nachhaltig aus gutem Material hergestellt werden.

Ich bin nicht perfekt, und ich mache nicht alles perfekt. Allein durch das viele Reisen habe ich natürlich keine gute CO_2-Bilanz. Aber wo ich kann, achte ich vor allem auf Recycling, Nachhaltigkeit und Bio-Qualität. Ich lebe zum Beispiel nicht vegan. Das könnte ich nie, weil ich Schinkenbrote, Spiegelei oder Steak so sehr liebe. In Berlin ernähren sich viele Menschen vegan, aber in Spanien und Japan ist das nicht so üblich. Ich könnte auch nie fleischlos leben, dafür bin ich zu spanisch. Aber wenn ich Fleisch esse, versuche ich es beim Metzger zu kaufen. Oder wo ich weiß, dass die Tiere sehr gut behandelt wurden. In Spanien gibt es zum Beispiel den Ibérico-Schinken. Er ist teurer, ja, aber es ist bekannt, dass die Tiere ihr Leben lang glücklich draußen herumspringen und Eicheln aus der Region fressen.

In Japan gibt es für gute Tierhaltung ein besonderes Bewusstsein. Das Kobe-Rind liefert das beste Fleisch der Welt. Warum? Weil die Tiere supergut behandelt und gefüttert werden. Sie erhalten keine Wachstumshormone oder Antibiotika. Außerdem sollen sie massiert werden und klassische Musik vorgespielt bekommen. Das könnte aber auch ein Mythos sein – werde ich mal rausfinden, wenn ich das nächste Mal in Japan bin. Auf jeden Fall weiß ich, dass das Fleisch viel besser schmeckt, genauso wie ein Bio-Ei im Vergleich zu einem Ei, das aus der Massentierhaltung kommt.

Allgemein hinterfrage ich immer, wo die Dinge und Lebensmittel herkommen, die ich kaufe und nutze. Ich achte auf das Material und gucke, wo sie hergestellt wurden. Das habe ich während meines Studiums gelernt. Auch wenn irgendwo »Öko« oder »Bio« draufsteht, heißt das nicht unbedingt, dass das Produkt lange hält oder aus der Nähe kommt. Avocados, die ich selbst total liebe, werden natürlich eingeflogen. Ob nun bio oder nicht – sie sind viel unökologischer als ein Apfel aus Brandenburg. Und wenn ein Lautsprecher ein Gehäuse aus Karton hat, dann kann man zwar sagen: »Oh, den kann ich recyceln!«, aber er hält vielleicht nicht so lange. Wenn ich den mit an den Strand nehme, ist er bestimmt bald so abgenutzt, dass ich einen neuen brauche. An der Uni haben wir gelernt, genau auf das Material zu schauen und Produkte zu entwickeln, die eine lange Lebensdauer haben. Ich sollte zum Beispiel mal eine nachhaltige Zahnbürste entwickeln. Dafür musste ich alle Faktoren der Produktion in eine Software eingeben, um den sogenannten Lebenszyklus zu berechnen. Alles floss in die Berechnung mit ein: das Material, der Verbrauch von Wasser und Strom bei der Herstellung und der Transport. Wie viele Kilometer legt das Produkt in welchem Fahrzeug zurück, bis ich es in meinem Shop verkaufen kann? Der Transport brachte tatsächlich am Ende die meiste Verschmutzung für die Umwelt. Daraus habe ich gelernt, dass es viel ausmacht, regional hergestellte Produkte zu kaufen. Ob das nun Gemüse ist oder ein Möbelstück.

Daraus habe ich gelernt, dass es viel ausmacht, regional hergestellte Produkte zu kaufen.

Außerdem macht es mich traurig zu sehen, wenn irgendwo Plastik oder Müll herumliegt oder im Meer schwimmt. Die Natur ist etwas, was für uns alle wichtig ist. Sie ist ein Ort, wo wir uns einfach so und immer erholen können, wir dürfen uns an ihrer Schönheit erfreuen. Gerade während der Zeit des Lockdowns war ich megahappy, wenn ich mal raus konnte und in der Natur sein, hier am Stadtrand von Berlin im Wald. Allein die frische Luft dort tut so gut. So oft es geht, bin ich auch gern am Strand, besonders liebe ich die Costa Brava. Natürlich auch, weil meine beiden Großeltern dort ein Haus hatten und ich so viele Kindheitserinnerungen damit verbinde. Auf jeden Fall plane ich, mal kleine Aktionen auf Instagram zu starten, etwa so: »Hey, ich bin gerade an der Barceloneta. Wie wäre es, wenn wir uns an einer bestimmten Stelle treffen und gemeinsam Müll sammeln?« Es kann ja sogar Spaß machen, gemeinsam etwas Sinnvolles zu tun. Also, wir sehen uns!

9
HAKUNA MATATA

MEINE STIMME FÜR DAS GUTE EINSETZEN

Wenn man eine gewisse Prominenz hat, wird man auch ab und zu angefragt, bei Charity-Projekten dabei zu sein. Ich habe mir aber ein bisschen Zeit gelassen, um sorgfältig auszuwählen, wohinter ich wirklich stehen und wofür ich mich auch einsetzen kann. Wenn es nach mir ginge, müsste ich damit nicht in der Öffentlichkeit stehen. Aber dass darüber berichtet und erzählt wird, dass man Bilder von mir sieht, hat den wichtigen Effekt, dass man Aufmerksamkeit für eine Sache erreichen kann. So läuft das. Ich habe durch euch eine Stimme bekommen, und die kann ich nun unkompliziert einsetzen, um etwas zu erreichen, das für uns alle von Bedeutung ist.

Allerdings, was ich bis heute unbemerkt und sozusagen undercover machen kann, ist in Kinderkrankenhäusern Musik zu spielen. Das habe ich schon ganz früh in Barcelona begonnen. Eine Bekannte meiner Mutter vermittelte mir einen Kontakt zu dem Krankenhaus, an dem ich auf dem Weg zur Schule immer vorbeigekommen war. Im achten Stock gibt es eine Station für krebskranke Kinder. Ihr Sohn wurde dort wegen eines Tumors behandelt. So habe ich mir an Weihnachten, als ich zu Besuch bei

> *Für mich ist es auch schön, mit der Musik etwas Sinnvolles machen zu können. Es geht ja nicht nur um Chartplatzierungen oder Selbstverwirklichung.*

meiner Familie war, die Gitarre geschnappt und bin da für zwei Stunden hin. Ich singe ja gern, und für die Kinder sollte es einfach eine schöne Abwechslung sein. Dort zu spielen, ist natürlich bittersweet. Viele der Kinder sind so schwach, dass sie sich kaum bewegen können und einen nur aus ihrem Bett heraus anschauen. Nicht alle können mitsingen oder tanzen. Nicht alle sind in der Lage, ihre Freude zeigen. Nur in den Augen ist dann mal ein kleines Funkeln zu sehen. Aber umso mehr habe ich mich angestrengt, fröhlich zu sein. Gerade wenn es irgendwo dunkel ist, so sage ich mir, werde ich mit meinem Licht hingehen und positive Energie geben. Ich habe *Sofía, El mismo sol* und alle Singles gesungen, die sie kannten. Für mich ist es auch schön, mit der Musik etwas Sinnvolles machen zu können. Es geht ja nicht nur um Chartplatzierungen oder Selbstverwirklichung. Meine Musik kann natürlich keine Medizin sein. Aber ich habe immer gehofft, dass diese Kinder es schaffen, gesund zu werden. Bei einem der Kinder weiß ich, dass es geklappt hat. Denn als es dem kleinen Jungen, dem Sohn der Bekannten meiner Mutter, besser ging, kam er auf eines meiner Konzerte in Barcelona. Er saß noch im Rollstuhl, weil er ja einen Tumor im Bein wegoperiert bekommen hatte, aber er konnte mitsingen, lachen und klatschen. Ihn so von der Bühne aus zu sehen, hat mich sehr glücklich gemacht.

Die Besuche in den Krankenhäusern haben sich immer eher spontan ergeben, wenn ich vor oder nach einem Konzert noch Zeit hatte, in Warschau beispielsweise oder interessanterweise auch in der Charité in Berlin. Da haben ja mein Opa und Uropa mal gearbeitet. Als Ärzte, klar! Und ich? Ich marschierte dort anstatt im weißen Kittel in meinen bunten Hemden und mit meiner Gitarre herein. Aber was ist, wenn Musik auf irgendeine Art auch ein wenig heilt? Auf jeden Fall kann sie einen in eine positive Stimmung versetzen – und das schadet nicht.

Es gibt auch viele verschiedene gemeinnützige Organisationen, die Lust haben, mit mir zusammenzuarbeiten, was mich natürlich ehrt. Ich habe lange überlegt

und gezögert. Eigentlich wollte ich am liebsten weiter etwas in Europa machen. Es gibt ja genug Projekte in meinem Umfeld, wieso sollte ich da weit weg reisen? So nahm ich mal an einem Charity-Oldtimer-Event in Italien teil, weil ich dachte, das passt zu mir. Am Ende kam das Geld für ein Röntgengerät auf einer Kinderstation zusammen.

Außerdem war es mir sehr wichtig, nicht als ein »white savior« nach Asien oder Afrika zu gehen. Ich halte nichts davon, sich vor anderen Kulturen aufzuspielen und zu meinen, man kennt die Region besser als die Einheimischen und weiß, was für sie das Beste ist.

Doch dann kam eine Anfrage von dem Kinderhilfswerk World Vision, und es ging unter anderem um die Unterernährung von Kindern in Kenia. Da wurde mein Herz weich, und ich konnte einfach nicht Nein sagen. Kinder sind mir so wichtig, und ich finde es unerträglich, sie leiden zu sehen. Jedes Kind sollte die Chance auf eine Zukunft haben, auf Gesundheit und Bildung. Bei Kindern ist noch vieles möglich, sie lernen schnell und denken leichter um. Man kann ihnen neue Dinge und Technologien beibringen, sodass die junge Generation dann aus eigener Kraft etwas ändern kann.

Und natürlich sollten alle Kinder auf dieser Welt genug zu essen haben. Vielleicht klingt es naiv, aber es ist für mich schwer zu verstehen, dass so viele Gelder für alle möglichen, auch unsinnigen, Dinge ausgegeben werden, wenn es immer noch hungernde Kinder gibt. Es macht mich traurig und hilflos.

Um die Ursachen vor Ort zu erleben und dann darüber zu berichten, wo und wie es Chancen auf Veränderung geben kann, reiste ich nach Kenia. Ich wollte mir die Arbeit von World Vision genau anschauen und alles dokumentieren, ein bisschen wie ein Reporter. Deswegen nahm ich einen Kameramann mit und Laura von meinem damaligen Management-Team. Ihr lag das Projekt besonders am Herzen. Außerdem begleitete uns eine Mitarbeiterin von World Vision Deutschland. Ich wurde während der zehntägigen Reise quasi zu einem Botschafter.

> *Vielleicht klingt es naiv, aber es ist für mich schwer zu verstehen, dass so viele Gelder für alle möglichen, auch unsinnigen, Dinge ausgegeben werden, wenn es immer noch hungernde Kinder gibt.*

Die Organisation betreut Projekte in verschiedenen Ländern, und sie haben viele Jahrzehnte Erfahrung in der Entwicklungszusammenarbeit. Dabei setzen sie auf gezielte Hilfe zur Selbsthilfe – was ein nachhaltiger Ansatz ist. Denn schließlich sollte niemand dauerhaft abhängig von Unterstützung sein, sondern ein Wandel stattfinden. Mehr als 150 000 Deutsche unterstützen mit Kinderpatenschaften nachhaltige Projekte, die der Familie und der gesamten Gemeinschaft die Möglichkeit geben, zum Beispiel an sauberes Wasser zu kommen. Ich bin einer von den Paten. Dabei ist es nicht so, dass ich mit meiner Spende nur ein bestimmtes Kind supporte. Die Patenschaft ist eher symbolisch gedacht, das Geld kommt der Gemeinde zugute.

Ich war noch nie zuvor in Kenia, eigentlich auch nicht so richtig in Afrika. Nur die Dreharbeiten für die Vox-Sendung »Sing meinen Song – Das Tauschkonzert« fanden in Kapstadt statt – aber in diesem Zusammenhang sieht man ja kaum etwas vom Land.

Kenia liegt in Ostafrika am Indischen Ozean, und viele Menschen leben noch von einer Landwirtschaft, die nicht sehr ertragreich ist, und daher in Armut. Probleme sind zum Beispiel der mangelnde Zugang zu sauberem Trinkwasser, die allgemeinen hygienischen Bedingungen und die gesundheitliche Versorgung. Während meiner Zeit in Kenia reiste ich an verschiedene Orte, um einzelne Projekte zu Themen wie Aufforstung, Landwirtschaft, Bildung und Gesundheit zu besuchen – viele davon weit entfernt von der Hauptstadt Nairobi. Die ganze Reise kann man auch als Videoblog auf YouTube anschauen: Einfach über meinen Kanal »Alvaro Soler« das Suchwort »World Vision« eingeben.

Die Reise sollte für mich ein einmaliges Erlebnis werden, an das ich noch oft zurückdenke und bei dem ich sehr viel Neues gelernt habe. Alle Menschen vor Ort waren extrem nett, und wir sind mit Einheimischen gereist, die für uns übersetzen konnten und uns im Jeep sicher transportierten. Manchmal gab es nur eine schmale Straße – wie eine Einbahnstraße mit zwei Richtungen. Da ging es ziemlich langsam voran.

Ich schaute aus dem Fenster und versuchte, möglichst viele Eindrücke aufzunehmen. Wie damals in Japan fiel mir als Erstes auf, dass es keine Bürgersteige gibt. Die Straßen führten zum Teil direkt an den Häusern und Verkaufsständen entlang. Da trabten Hühner ganz eng an den fahrenden Autos vorbei, Kinder spielten im Sand, und Wellblechhütten wechselten sich mit stabileren Häusern aus Stein ab. Alle paar Meter gab es einen anderen Shop, der sich auf eine bestimmte Ware konzentriert hatte.

Wir fuhren Richtung Norden nach Marsabit und Laisamis – zwei Regionen, die besonders von der anhaltenden Trockenheit und Dürre der vergangenen Jahre betroffen sind. Die Flüsse und Seen trocknen aus, was dramatische Folgen hat. Durch den Wassermangel sterben die Nutztiere, wie zum Beispiel Ziegen, und die Menschen selbst haben kaum Zugang zu Wasser, was dazu führt, dass sie wenig anbauen können und natürlich auch nicht genügend sauberes Trinkwasser zur Verfügung steht. Besonders Kinder erkranken häufig, weil die hygienischen Bedingungen schlecht sind. 20 Millionen Menschen sind deshalb abhängig von Unterstützung. Rund drei Millionen Menschen sind auf Lebensmittelspenden angewiesen, davon 600 000 Kinder unter fünf Jahren. 84 Prozent der Kinder unter zwei Jahren erhalten nicht regelmäßig etwas zu essen und sind unterernährt.

Das sind alles Zahlen, die betroffen machen und die dennoch unvorstellbar erscheinen, bei denen es schwer ist, einen emotionalen Zugang zu den Menschen dahinter zu bekommen. Deswegen habe ich es als wertvoll empfunden, vor Ort zu sein und nicht aus der Ferne einfach diese Zahlen zu lesen.

So fernab von allem, in einer Gegend, die immer ländlicher wurde und wo ich streckenweise nur noch roten Sand und ein paar Büsche sah, erhielt ich Schreckensnachrichten von zu Hause. Es hieß, dass Spanien in den Lockdown ginge und die Grenzen dichtmachte. Meine Familie schrieb mir, dass ich sofort nach Hause kommen sollte. Aber das ging natürlich nicht so einfach. Erstens war ich nicht den weiten Weg gekommen, um dann gleich wieder abzuhauen, und zweitens gab es auch gar nicht so viele Flüge. Das war ein sehr unangenehmes Gefühl, da ich damals die Situation mit dem neuartigen Coronavirus noch gar nicht einschätzen konnte und ich in einer ganz anderen Welt unterwegs war. In Kenia schien alles entspannt, die Menschen hatten keine Panik.

Ich denke, es ist wirklich schwer, die Welten miteinander zu vergleichen, und jedes Land, jeder Mensch hat seine Probleme. Aber man vergleicht automatisch. Manchmal habe ich zwischendurch gedacht: Die Sorgen, die wir haben, gibt es hier weniger. Vielleicht haben wir sogar manchmal mehr Sorgen, weil wir aus jeder Kleinigkeit eine große Sache machen – anstatt erst einmal abzuwarten und ruhig zu bleiben? Während ich Fotos von leer gekauften Supermarktregalen geschickt bekam, war ich an einem Ort, wo es nicht einmal einen Supermarkt gab. Eher kleine Märkte, auf denen man ein paar Tomaten oder Eier kaufen konnte. Die Hände zu waschen, hat hier seit Jahren schon eine ganz andere

> *Während ich Fotos von leer gekauften Supermarktregalen geschickt bekam, war ich an einem Ort, wo es nicht einmal einen Supermarkt gab.*

Bedeutung, weil es eben nicht immer genug sauberes Wasser gibt. Die Kinder bekommen deshalb Krankheiten wie Durchfall und können daran sterben.

Diese Zerrissenheit war eine ziemliche Challenge für mich, dennoch entschied ich mich, die Reise nicht abzubrechen. Aber ich buchte meinen Flug so um, dass ich zwei Tage früher zurückfliegen konnte. Und dann versuchte ich mich wieder voll und ganz auf die Reise zu konzentrieren. Was bringt es denn, wenn man immer mit seinen Gedanken woanders ist?

Ich befand mich sieben Stunden von der Hauptstadt entfernt, und ein ganzes Dorf wartete darauf, mit mir zu kochen. World Vision unterstützt dort in der abgelegenen Gegend Gemeinden dabei, sich selbst zu versorgen. Wegen der Dürre mussten neue Methoden angewendet werden, denn normale Landwirtschaft oder Viehzucht sind unter diesen Bedingungen kaum möglich.

Mich hat fasziniert, welche guten Lösungen gefunden wurden. Als ich dort in der kargen Landschaft aus dem Jeep ausstieg, wirkte die Gemeinde wie eine kleine Oase. Man sah überall kleine Bäume, die angepflanzt wurden, um Schatten zu spenden. Damit die Bäume nicht so viel Wasser brauchen, werden immer die unteren Äste abgeschnitten. Die können dann wiederum die Ziegen fressen. Die Ziegen geben Milch, von der auch die Kinder etwas trinken können. Die Ziegen werden nicht gegessen, sondern gegen andere Dinge eingetauscht. Außerdem bauen die Einheimischen Spinat an, der nicht so viel Wasser braucht, um zu wachsen. Dafür ist er natürlich megahart, und man muss ihn länger kochen, damit er weich und essbar wird. Aber er ist so zäh, dass er selbst bei extremer Trockenheit wächst, was natürlich genial ist und so hoffentlich mithelfen kann, eine Hungersnot zu verhindern.

Ich habe ihn nicht probiert, weil wir nicht die Zeit hatten, das lange Garen abzuwarten – stattdessen entschieden wir uns für ein Omelett. Das mag ich eh supergern, und Tortilla ist schließlich eine Art spanisches Nationalgericht. Außerdem liebe ich es, in der Küche Gemüse zu schnippeln und zu assistieren. Einige der Frauen aus dem Dorf hatten sich schon unter einem Baum um die Feuerstelle versammelt. Ich hockte mich dazu und fing an, die Tomaten zu schneiden. Dabei wurde ich erst etwas kritisch beäugt und dann ausgelacht. Vermutlich ist es nicht so üblich, dass ein Mann, und dann auch noch der Besuch, das Gemüse schneidet. Vielleicht habe ich auch etwas falsch gemacht? Also lachte ich mit und ließ die Frauen ihre afrikanische Tortilla in der Pfanne mit Reis lieber selbst braten. Am Ende hat es wirklich lecker geschmeckt, und wir hatten eine gute Zeit zusammen. Ich finde ja, dass Essen auf eine besondere Art verbindet, und so habe ich es sehr genossen, mit den Einheimischen auf diese Weise in Kontakt zu kommen.

> *Ich finde ja, dass Essen auf eine besondere Art verbindet, und so habe ich es sehr genossen, mit den Einheimischen auf diese Weise in Kontakt zu kommen.*

Als ich da so mitten in der Wüste stand und auf die Berge schaute, schon völlig durchgeschwitzt und Sand

in den Augen, dachte ich: Ich glaube, ich könnte hier nicht einen Tag allein überleben. Wie macht man das? Es gab wirklich gar nichts. Ich hätte mich nicht annähernd orientieren können. Die wenigen Straßen, die es gab, hatten keinen Namen. Ich glaube, unser Fahrer hatte nur so Infos wie: Du musst am dritten Baum rechts abbiegen, und dann seid ihr nach zehn Minuten Fahrt durch das Nirgendwo da. Vielleicht kommt euch noch eine Herde Kamele entgegen, also seid vorsichtig.

Die Einheimischen sind einst als Nomaden immer unterwegs gewesen, aber die Lebensbedingungen haben sich so geändert, dass sie an ihren gewohnten Orten nicht immer ausreichend Wasserquellen finden. Manchmal müssen sie dann kilometerweit zu einem Brunnen laufen.

Als wir alle zusammen gegessen haben, ist mir natürlich auch aufgefallen, dass die Kinder nicht so aktiv waren wie bei uns in Europa. Sie saßen eher ruhig dabei, ihre Augen sahen etwas müde aus, und sie sind nicht wild und laut kreischend herumgerannt. Es war deutlich zu sehen, dass die ständige Unterernährung ihnen die Kraft raubt. Was soll ich sagen? Das hat mich nachdenklich und traurig gemacht. Aber wem bringt das was? Es ist ja viel sinnvoller, nach praktischen Lösungen zu suchen, die den Menschen das Leben erleichtern können.

An unserem zweiten Tag besuchten wir eine andere Community, und wir wurden mit traditionellem Gesang und Tanz überrascht. Das war genial. Damit fühlte ich mich auf Anhieb willkommen, ist ja klar! Natürlich habe ich sofort mitgemacht, so gut es ging. Zwischendurch hatte ich das Gefühl, dass es so eine Art Balztanz war, weil die Frauen und Männer abwechselnd getanzt haben und sich aufeinander zubewegten, dann wieder auswichen und auch ein paar eindeutige Geräusche machten. Aber keine Sorge, ich habe mir erklären lassen, dass die Dorfbewohner das öfter machen und nicht nur wegen mir. Jedenfalls habe ich für den Tanz besonderen Schmuck aus bunten Perlen um Hals und Armgelenke bekommen – auch damit kann man ja mein Herz gewinnen. Ich fühlte mich total integriert. Das Armband durfte ich übrigens am Ende behalten, und ich habe es immer noch zu Hause.

Ein anderes Geschenk musste ich allerdings – unhöflicherweise – zurücklassen: ein Schaf! Es hatte eine Leine ans Bein gebunden, die mir dann lächelnd in die Hand gedrückt wurde, mit einem ermunternden Kopfnicken nach dem Motto: Viel Spaß damit! Ich stand dann da mit dem Seil in der Hand und wollte nicht losgehen, weil ich dachte, das Schaf fällt um, wenn ich mich bewege. Außerdem kam ich noch mehr als eh schon ins Schwitzen, weil ich für eine Sekunde überlegte: Wie kriege ich das Schaf ins Flugzeug, und was mache ich damit in Berlin?

Meine japanische Sozialisierung verbot mir natürlich, es einfach zurückzugeben. Ich kann ja nicht unhöflich sein. Und so stand ich wie angewurzelt da und schaute hilflos zu unserem lokalen Begleiter, der mir zuflüsterte: »Mach ein glückliches Gesicht. Wir erklären dann, dass du das Schaf nicht mitnehmen kannst.« Da war ich erleichtert. Und im Hotel konnte ich dann auch darüber lachen. Vor Ort revanchierte ich mich mit ein paar Songs. Natürlich kannte sie niemand, aber alle klatschten mit, was mich sehr gefreut hat. Vielleicht haben sie sich gedacht: Was macht dieser Mann mit der Gitarre hier? Und was sind das für komische Klänge? Vermutlich wollten sie auch nur höflich sein.

Ein besonderer Moment war für mich, als ich einen Baum in der Wüste pflanzen konnte. Ich fand es ein schönes Gefühl, ihn mit den eigenen Händen in den Boden zu setzen und zu denken, dass das Bäumchen hier noch lange stehen und wachsen wird. Ich war sehr begeistert davon, wie der Boden mithilfe von organischen Abfällen und Biokohle durch natürliche Regeneration fruchtbar gemacht wird: Die Abfälle locken Termiten an, die den Boden durchgraben, sodass Wasser besser gespeichert wird und die Wurzeln leichter an Nährstoffe gelangen. Die Bäume spenden Schatten und hindern den Wind daran, die Getreide-Saat wegzuwehen. Herabgefallene Blätter wiederum schützen den Boden vor Austrocknung, und das Holz der Bäume kann als Feuermaterial zum Kochen verwendet werden. Es wurden sogar Gummibäume gepflanzt, aus denen man Kautschuk gewinnen kann, das dann auf lokalen Märkten verkauft wird und für ein Extraeinkommen sorgt.

Besonders beeindruckt war ich auch, als ich den Garten einer Schule besuchte. Da wuchsen Mangos, Bananen und Papayas – und das alles haben junge Mädchen angepflanzt. Da dachte ich: Das hätte ich auch gern mal in der Schule gelernt. Es war schön zu sehen, wie sie so Zugang zu viel gesunder Nahrung bekommen.

Natürlich habe ich unterwegs auch immer mal wieder versucht, Swahili zu lernen. Ich habe mich zu den Mädchen ins Klassenzimmer gesetzt, und sie haben mich unterrichtet. Also kann ich nun immerhin behaupten, dass ich ein paar Wörter dieser Sprache weiß und war überrascht, sogar schon eine Phrase gekannt zu haben: Hakuna Matata. Das heißt ja so viel wie: Alles ist in Ordnung! Als Elton-John-Fan habe ich natürlich den *König der Löwen*-Soundtrack rauf und runter gehört. Und ab und zu konnte ich die Worte auch in den Songs vor Ort heraushören. Das hat mich jedes Mal gefreut, weil es so viel Leichtigkeit versprüht hat – auch wenn die Reise natürlich nicht immer leicht zu verkraften war. Ich erhielt so viele Infos und neue Eindrücke, ich kann sie unmöglich alle wiedergeben.

Als wir am Ende noch ein Krankenhaus besichtigt haben und ich die Waage sah, mit der die Kinder gewogen werden, um zu überprüfen, ob sie untergewichtig sind, wusste ich gar nicht, wie ich reagieren sollte. Ich stand nur da, aber in meinem Inneren zog sich mein Herz zusammen. An der Wand hingen verschiedene Tabellen mit den Angaben: Größe, Gewicht, Armumfang. Und man konnte sehen, dass einige Kinder nicht im grünen Bereich lagen. Das ist leider auch noch Realität – bei allem Fortschritt. Deshalb unterstütze ich die Organisation weiter mit meiner Patenschaft. Es gibt viele Möglichkeiten, die man am besten mal auf der Website checkt (www.worldvision.de).

Sobald ich am Flughafen ankam, holten mich allerdings meine eigenen Probleme und meine Realität wieder ein. Ich musste ganz schön zittern, denn es gab Probleme mit dem Flug, und ich steckte noch etwas länger fest, bevor ich endlich über einige Umwege wieder nach Hause kommen konnte. Es war ein sehr komisches Gefühl, sich seinen Weg nach Hause zurückerkämpfen zu müssen. Meine Angst war, dass Spanien die Grenzen zumacht. Ich hätte nie gedacht, mal in so eine Lage zu geraten, und ich wusste nicht, was mich in Spanien erwartete. Für jemanden, der quasi auf der ganzen Welt zu Hause ist, waren die Einschränkungen krass, denn ich musste mich entscheiden, wie und wo ich in den Lockdown gehe, alle Konzerte und Auftritte wurden abgesagt. Meine Welt wurde ganz klein und mein Kalender, der immer so voll war, sah auf einmal leer aus. Das hatte ich mir seit 2015 gewünscht, eine echte Ruhepause. Doch wenn sie so plötzlich und ungewiss und aufgezwungen kommt, dann macht das Angst. Ich weiß noch, wie ich mit Plastikhandschuhen und Mundschutz im Flieger saß und dachte: Das ist ernst! Und neben mir haben sich die Leute lustig gemacht, dass ich überhaupt eine Maske trage. Es klingt vielleicht wie ein Luxusproblem – aber dennoch war ich fix und fertig.

10

TRADICIÓN, CULTURA Y COMIDA*

LIEBE GEHT DURCH DEN MAGEN

* Spanisch für: Tradition, Kultur und Essen

Es ist nun wirklich komisch, erst über die Unterernährung von Menschen zu schreiben – und direkt danach über meine Leidenschaft für Kochen und gutes Essen. Erst hatte ich Bauchschmerzen und überlegte: Wie mache ich das jetzt? Soll ich das weglassen oder umstellen? Es gibt keine perfekte Lösung. Beides gehört zu meiner Geschichte. Ein Buch über mich, bei dem es nicht um Essen geht, wäre nicht authentisch, denn Essen ist neben der Musik meine absolute Leidenschaft. Ich bin ein Genießer durch und durch. Und gutes Essen ist für mich Lebensfreude, Gemeinschaft und pure Magie.

Gutes Essen ist für mich Lebensfreude, Gemeinschaft und pure Magie.

Dann dachte ich mir, dass diese Kontraste auch die Realität auf unserer Welt sind: Es gibt sehr viele Menschen wie mich, die sich keine Sorgen darum machen müssen, dass sie jeden Tag genug zu essen haben. Im Gegenteil: In Europa werden ja täglich Tonnen von Lebensmitteln weggeworfen. Und es gibt Menschen, sogar auch in Deutschland, die können nicht alles kaufen, was sie brauchen. Das ist verrückt, dass wir alle auf demselben Planeten, unter derselben Sonne leben, aber auf der einen Seite der Erde, sogar auf der einen Seite der Stadt, sieht es ganz anders aus als auf der anderen. Und überall gibt es dunkle Momente und Lichtblicke.

Ich sehe das, habe eine Demut davor, dass ich versorgt bin. Und ich versuche, mein Glück zu teilen so gut es geht und auch dem Essen die Wertschätzung zu geben, die ihm zusteht. Was kann ich sonst tun?

Ich bin ein Verrückter, was das Essen angeht. Ich bin so ein Typ, der in fünf verschiedene Supermärkte rennt, bis er den leckersten Schinken gefunden hat. Essen ist für mich der Moment, in dem Menschen zusammenkommen. Es ist ein Event. Es macht keinen Sinn, allein zu kochen. Und es macht keinen Sinn, eine fancy Designerküche zu haben und darin nicht zu kochen. Deswegen habe ich in meiner Wohnung in Berlin auch eine offene Küche. Ich liebe es, dort meine Freunde und Familie zu bekochen. Während ich den Hauptgang vorbereite, schenke ich schon mal ein schönes Glas Weißwein aus und serviere Käse und Oliven als Snack. Dann plaudern wir, während es in der Küche toll nach Olivenöl und Kräutern duftet. Kochen und Essen ist so eine Art Meditation für mich, die eine schöne Verbindung schafft.

Vermutlich macht das das spanische Blut in meinen Adern, dass ich Essen so liebe und es gern teile. In Spanien trifft man sich zum ausgiebigen Essen, um Geschäfte zu besprechen, und abends kommt die ganze Familie zusammen, und es wird nicht sofort das Geschirr abgeräumt, wenn nach zehn Minuten alle aufgegessen haben. Es dauert lange, und es wird genossen. Essen ist so viel mehr als nur Nahrungsaufnahme.

In Deutschland ist es nicht immer so üblich, dem Essen so viel Bedeutung zu geben. Alleine, dass hier schon um 18 Uhr zu Abend gegessen wird und dass es dann nur so ein Abendbrot mit Wurst, Käse und vielleicht noch ein paar Gürkchen und einem Kartoffelsalat gibt – das ist ein Skandal! Hahaha, nein, ich weiß, dass man das so pauschal nicht sagen kann, aber selbst die Restaurants räumen ja schon ab 21 Uhr die Küche auf, und ab 22 Uhr gibt es dann nur noch Salzstangen.

Die Unterschiede merke ich auch manchmal, wenn ich Promo-Termine oder Drehs mache, die von Deutschen geplant wurden. Da finden sogar in der Mittagspause Termine statt, und ich frage schon immer am Morgen ganz ängstlich: »Was gibt es denn später zum Mittagessen? Habt ihr einen Tisch in einem Restaurant reserviert?« Wenn es dann heißt: »Keine Sorge, wir haben Snacks dabei« – dann weiß ich schon, dass das ein schwieriger Tag wird. Dass mich das weder satt noch zufrieden macht, wenn ich schnell zwischendurch ein labbriges Sandwich und einen Apfel mampfen muss. Ich finde es wichtig, beim Essen am Tisch zu sitzen und zu genießen, auch wenn es nur kurz ist. Es ist für mich auch eine Pause, um aufzutanken und mit frischer Energie weiterzumachen. Ich mag keine Snacks als Hauptgericht. Ich kann nicht im Stehen oder im Laufen essen. In Japan ist »to go« übrigens ein No-Go. Wer sich da im Laufen ein Sandwich reinstopft, wird entsetzt angeguckt. Ich kann das verstehen, denn schließlich ist das keine Wertschätzung, wenn Essen einfach so nebenbei passiert, als eine Verpflichtung oder ein weiteres To-do. Essen ist die Lebensenergie, die wir uns selbst geben. Sorry, wenn das esoterisch klingt, aber ich glaube: Du bist, was du isst! Und ich möchte kein aufgeweichtes Sandwich sein.

In unserer Familie kochen wir gern und viel. Ich bin da sehr verwöhnt. Ah ja, und wenn ich viel sage, dann meine ich vor allem Olivenöl. Olivenöl kann man nicht überdosieren. Wenn man mal Tapas zu Hause macht und denkt: Hm, die Auberginen waren beim Spanier irgendwie geiler, nicht so hart und trocken – dann kann ich nur sagen: Du nimmst zu wenig Öl! Jede Familie hat so ihre eigene Identität beim Kochen, sagen wir, einen besonderen Stil. Und das ist natürlich auch das Emotionale daran; wie wir essen, erzählt etwas über uns als Menschen. Mein spanischer Opa zum Beispiel kann und will nur zwei Gerichte kochen, aber daraus macht er ein Event. Wenn er Eier in der Pfanne rührt, dann tut er so, als würde er ein Sternemenü zubereiten und serviert mit großen Gesten und vielen Worten sein perfektes spanisches Omelett, als sei es die ultimative Spezialität und für uns eine große Ehre, die nun essen zu dürfen. Dabei schmeckt es ganz normal.

Jedes Jahr an Weihnachten hat er seinen großen Auftritt, wenn er einen *Christmas Pudding* macht. Das ist ja eigentlich eine englische Tradition, aber die ist in unsere Familie gerutscht, weil mein Ur-Großvater das mal so eingeführt hat und wir sie nicht mehr aufgeben mögen. Mein Opa schüttet dann Rum über den Pudding und trägt ihn brennend ins Esszimmer. Vorher ruft er immer aus der Küche: »Sind alle Lichter aus?« Und dann kommt er mit dem leuchtenden Teller hereinstolziert, und alle machen staunend: »Ahhhhh!« und »Ohhhhh!« – dabei kennen wir das Ritual ja schon. Superlustig! Denn der Pudding kommt ehrlicherweise aus der Packung, und er rührt ihn nur an. Das Einzige, was er für das Dessert macht, ist eine Show. Ich liebe diesen Christmas-Pudding-Moment.

Meine belgische Oma hingegen ist die organisierteste Frau, die es gibt. Wenn wir mit der ganzen Familie in ihr Wochenendhaus in den Bergen nahe Barcelona fahren, hat sie schon Tage vorher eine perfekte Liste in einer Excel-Tabelle angelegt. Da steht im Detail drauf, was wir jeden Tag essen werden und was wir dafür brauchen: 20 Äpfel, zehn Rinderfilets und zwei Flaschen Olivenöl. Damit alles reicht. Es ist natürlich immer viel zu viel. Trotzdem sagt sie laufend das, was alle Omas sagen: »Du bist zu dünn, du musst mehr essen!« Ich bekomme immer den größten Teller von ihr. Das ist typisch spanisch, aber auch deutsch. Vielleicht sogar international. Ich habe meiner Oma oft gesagt, dass ich ihre traditionellen Gerichte lernen will und dass ich dafür sogar Flämisch lernen würde. Sie bremste mich dann immer aus und sagte: »Nein, Alvaro, das musst du nicht lernen. Nicht noch eine Sprache! Vor allem, weil die nur so wenige Menschen sprechen.«

Kürzlich hat sie tatsächlich ein Buch mit ihren Oma-Rezepten erstellt. Dafür hat sie sogar noch mal einen Computerkurs belegt.

Meine deutsche Oma konnte auch super kochen, aber sie backte lieber. Bei ihr gab es immer selbstgemachtes Brot mit Körnern. Sie und mein deutscher Opa hatten eine Brotbackmaschine, und das ganze Haus duftete wie eine Bäckerei. Zum Geburtstag backte sie stundenlang alle möglichen Kuchen und kam dann mit einer riesigen Platte herein und stellte sie alle wie gute Freunde vor: Also, das ist Marmorkuchen, das ist eine Nussschnitte und das ist Kalter Hund. Mein Vater erzählte mir mal, wie er dann ganz undankbar fragte: »Aber wo sind denn die Sandwiches mit Schinken und Käse?« Meine Oma schaute geschockt. Dann ging sie etwas enttäuscht wieder in die Küche, und ihre Ketten und Armbänder klimperten, als sie schnell ein paar Käse-Brote belegte. Aber es ist so, dass wir in Spanien nicht so viel Süßes essen. Natürlich gönnen wir uns auch mal ein süßes Gebäck wie die schneckenförmige *Ensaïmada* als *Merienda*, also einen Snack am Nachmittag. Aber wir haben diese Kaffee-und-Kuchen-Mentalität nicht, die in Deutschland ja ganz groß ist. Vielleicht gibt es auch eine Geburtstagstorte, aber viel mehr Platten mit Sandwiches oder Tapas. Mein spanischer Opa frühstückt auch immer nur salzig: Toast mit Schinken oder mit zerriebener Tomate und Olivenöl. Er würde nie auf die Idee kommen, morgens ein Nutellabrötchen oder Pfannkuchen zu essen.

Ich koche, esse und trinke ganz international – logisch! Gerade habe ich mir auch einen frischen, wärmenden Ingwer-Tee mit süßem Chai zubereitet, den ich nun nebenbei genieße. Die Kanne hat ein besonders schönes Design, ganz kurvig, und ich kann sie in der Mitte halten. Meine Schwester hat sie mir geschenkt. Das fühlt sich sehr Japanisch an, einen guten Tee aus formschönen Gefäßen zu trinken.

Dass ich alle Küchen vermische, liegt natürlich auch daran, dass ich in Berlin lebe, wo es so viele unterschiedliche Restaurants gibt, und manchmal ist es verlockend, sich etwas zu holen oder auswärts zu essen. Aber meistens koche ich selbst. Kochen ist mein Hobby. Ich bin kein Fußball-Fan und auch sonst nicht in einem Verein. Deswegen habe ich Zeit dafür. Ab und zu rufe ich dann zu Hause an und frage: »Mami, wie lange muss die Dorade noch mal im Ofen sein? Und wie mache ich noch mal die Marinade für das Lachs-Tartar?«

Meine Mutter und ihre Kochkünste bewundere ich sehr. Als wir nach Japan gezogen sind, hat sie sich die Kultur und die neue Stadt durch das Kochen erschlossen. Sie ist auf alle Märkte gegangen, um neue Zutaten und Gewürze zu probieren. Sie liebte es, auf dem bekannten Fischmarkt in Tokio bei Auktionen frische Riesen-Thunfische zu ersteigern. Durch das Einkaufen kam sie gut in der Stadt herum und konnte sich am besten orientieren, was in Tokio superschwierig ist. Sie war unser Navigationssystem, haha!

Meine Mutter hat eine Mega-Energie und macht alles mit aller Liebe. In ihren Kochkursen, die sie ja nun in Spanien gibt, erklärt sie jedes Detail. Sie sagt ganz genau, welche Zutaten wie miteinander harmonieren, wie man Sushi perfekt schneidet und worauf man achten muss, wenn man guten Fisch kaufen will. In Europa ist japanische Küche ja fast nur Fusion, also schon eingefärbt von der europäischen Geschmackskultur. In Japan findet man kein Sushi, das mit Frischkäse gefüllt ist oder mit einem Mayo-Dip serviert wird. Und den eingelegten Ingwer stapelt man auch nicht auf das Sushi, sondern isst ihn zwischen den verschiedenen Sushi-Stücken, um die Geschmacksnerven im Mund wieder zu neutralisieren. Authentische japanische Restaurants gibt es nur wenige in Europa, weil die Speisen eben total anders und manchmal auch sehr komplex sind. Auf jeden Fall ist immer alles total gesund und frisch. Deswegen liebe ich die japanische Küche besonders. Wenn man sich traditionell ernährt, dann ist es unmöglich, ungesund zu essen, und man bekommt alle Nährstoffe, was mir auch wichtig ist.

Das Ziel meiner Mutter war, den Spaniern in den Kochkursen zu zeigen, dass japanisches Essen nicht nur

Sushi bietet. Wir Kinder mussten dann ja jeden Donnerstag in unserem Zimmer essen, weil das Wohnzimmer und die Küche mit den Gästen belegt waren. Wir aßen dann ausnahmsweise mal Burger, und ich hoffte, dass noch etwas von dem guten Lachs übrig blieb. Aber meist gab es keine Reste, weil alles so gut schmeckte. Damals war die japanische Küche in Spanien noch nobel und extravagant. Natürlich sind Sushi generell auch teurer als Tapas, weil die Zutaten so besonders sind und zum Teil importiert werden müssen.

Meine Mutter hat dann expandiert und Show Cookings veranstaltet oder Catering gemacht. Mittlerweile ist die japanische Küche auch in Spanien angekommen. Wobei nicht alle japanischen Restaurants auch von Japanern geführt werden. Das ist genauso wie bei den italienischen Restaurants – da backen auch nicht immer Italiener die Pizza. Ich habe mich mal blamiert, weil ich den Kellner minutenlang auf Italienisch vollgelabert habe, weil er uns mit »Ciao« begrüßte. Es stellte sich heraus, dass er aus Rumänien kam, nur »Hallo« und »Tschüss« auf Italienisch sagen konnte und irgendwie so eine Pizzabäcker-Rolle spielte. Mir ist das Authentische lieber.

Meine Mutter hat auch mal eine Zeit in einem echten Sushi-Restaurant in Barcelona ausgeholfen. Ein Sushi-Meister ist in Japan ein verwöhnter Star, und leider hat er sich auch so verhalten. Das war ziemlich ungut. Er hat meine Mutter so fies herumkommandiert und wie eine Aushilfe behandelt, dabei konnte sie die ganze Karte hoch- und runterkochen, und er hat nur die Sushi-Rollen gebaut. Ich konnte das nicht mit ansehen und habe zu ihr gesagt: »Bitte schau doch mal, was es sonst noch an Jobs gibt. Dein Chef ist ein richtiges Schwein!« Meine Mutter kocht aus Leidenschaft, und das muss respektiert werden. Mein Vater kocht auch sehr gut – allerdings ein bisschen deftiger und langsamer. Während meine Mutter in der Küche immer alles zackzack erledigt und in ein paar Minuten eine wunderbare Gemüsesuppe zaubert, bereitet er morgens schon den Braten vor und lässt alles immer ziehen, gehen und durchkochen. Er ist eben ein Slow Cook und hat die Vorliebe für Deftiges wie Rotkohl mit Kartoffeln sicher aus Deutschland. Aber ich mag das auch ab und zu – Hauptsache, es ist mit Liebe zubereitet.

Zum Glück hat meine Mutter nun etwas anderes gefunden und arbeitet für eine tolle Catering-Firma, die ein Haus mit Garten auf dem Land hat, wo alle eigenes Gemüse anbauen.

Viele meiner schönsten Erinnerungen aus der Kindheit verbinde ich mit Essen. Auch wenn wir den ganzen Tag etwas anderes gemacht haben, am Abend kamen alle zusammen, um gemeinsam zu essen. Paella erinnert mich an meine Sommerferien an der Costa Brava. Da haben wir vom Boot meiner Großeltern aus mit kleinen Körben Fische geangelt. Das war so ein typisch mallorquinisches Boot – damit cruisen meine Großeltern immer noch an der Küste entlang. Als kleiner

> *Viele meiner schönsten Erinnerungen aus der Kindheit verbinde ich mit Essen.*

Junge hatte ich immer Angst, ins Wasser zu fallen, voll das Weichei. Aber ich habe mich gefreut, wenn ich ein paar Fische herausholen konnte. Meist waren das diese kleinen gestreiften Fische, die sich zwischen den Steinen verstecken – aber immerhin. Sie sind sehr würzig und perfekt für Suppen oder Paella. Bei uns gibt es immer Fideuà, also Nudel-Paella, anstatt der mit Reis. Bei der Zubereitung haben alle geholfen – natürlich unter der perfekten Führung von meiner Oma. Ich habe meist Knoblauch und Zwiebeln geschnitten, weil die anderen das nicht machen wollten, weil man dann heult und die Hände noch am nächsten Tag danach riechen. Ich war auch für die Aioli zuständig, weil ich mich traute, da superviel Knoblauch unterzumischen. Gutes Olivenöl mit Knoblauchstückchen verrührt – das ist eigentlich das Original-Rezept. Mayonnaise nimmt man nur, damit die Aioli nicht so stark schmeckt.

Wo wir gerade schon bei den Rezepten sind: Ich mache mir jetzt eine Gazpacho – diese kalte spanische Suppe. Sie geht superschnell und einfach. Wichtig ist, dass die Tomaten gut sind und nach was schmecken – also nicht so wässrig sind. Das ist sowieso das Wichtigste: Man braucht nicht viele verrückte Zutaten für das Essen, sondern ein paar wenige – die müssen aber wirklich gut sein.

Wie gesagt, machen mein Bruder und ich, wenn wir uns treffen, gern eine Dorade. Dazu gibt es kleine Kartoffeln, Zwiebeln, Mini-Karotten und rote Paprika. Das war's! Mehr Gesellschaft kriegt der tolle Fisch nicht. Am Ende sieht die Kombination nicht nur super aus, sondern der Geschmack harmoniert und erinnert uns an Spanien. Dafür muss aber jede Möhre und jede Kartoffel stimmig sein. Ist nur eine Zutat schlecht oder nicht richtig gar, dann kann man alles vergessen.

Gut ist es auch, einen Mixer zu haben – das vereinfacht viel bei der Zubereitung. Für die Gazpacho gibt man da dann einfach die Tomaten mit Knoblauch, Meersalz, viel Olivenöl und etwas Rotweinessig, gemahlenem schwarzen Pfeffer, Schalotten und Brotkrumen rein. Mixen und fertig! (Bevor sich die Puristen der Gazpacho aufregen: Mein Rezept ist eine Mischung aus Gazpacho und Salmorejo). Ich bin übrigens auch beim Kochen ein Gefühlsmensch, deswegen kann ich keine Mengenangaben machen. Ich schaue einfach, was am besten passt und experimentiere. Ich finde es merkwürdig, wenn Menschen ihr Essen mit einem Thermometer checken, als sei es krank. Kochen ist wie Komponieren für mich. Die Zutaten sind die Instrumente. Man muss genau aussteuern beziehungsweise abschmecken, wie viel Salz oder wie viel Klavier man nehmen muss. Und natürlich sorgt auch ein besseres Instrument für einen perfekteren Klang – das ist wie mit den guten Zutaten.

Kochen ist wie Komponieren für mich.

Zum Schluss koche ich noch zwei Eier hart und schneide sie klein. Währenddessen gebe ich fein geschnittene Schinkenscheiben (es muss hierfür nicht der beste sein) in eine Pfanne. Dort wird er schön knusprig gebraten, und das Fett fließt etwas raus. Auf die fertig gemixte Suppe gebe ich dann das Ei und den Schinken. Mhm! Das weiche Ei, die cremige Suppe und der knusprig-salzige Schinken – das ist ein Geschmacksorgasmus!

Natürlich ist auch wichtig, dass man den Punkt nicht verpasst, wann das Essen gar ist. Holt man es zu früh oder zu spät aus dem Ofen oder der Pfanne, dann ist es ruiniert. Ein Curry kann schnell zu dickflüssig werden, aber es sollte natürlich auch keine harten Stücke mehr haben. Deswegen muss man voll und ganz bei der Sache bleiben. Das ist auch wie bei einem Song. Da gibt es irgendwann einen Punkt, an dem er fertig ist. Würde man ihn zu früh abschließen oder noch zu lange daran herumbasteln, dann wäre er nicht reif, sondern verdorben.

Bei der Dorade ist es so, dass sie bei 180 Grad 25 Minuten lang in den Ofen muss, aber trotzdem sollte man zwischendurch checken. Wenn der Fisch anfängt zu schwitzen, ist er fertig – oder wenn das Auge fertig gegart ausschaut (sorry an alle Vegetarier, die mitlesen).

Wenn ich mit meiner Band und dem ganzen Team auf Tour bin, habe ich natürlich keine Zeit zum Kochen. Man stellt sich das vielleicht so glamourös vor, dass man immer in jeder Halle mit Catering und allem empfangen wird. Das kann passieren, aber manchmal kriechen wir morgens aus dem Tourbus und gehen noch im Schlafanzug in die kalte Halle, um uns in den Gruppenduschen zu waschen. Und dann sind wir froh, wenn es wenigstens jemanden im Team gibt, der einkauft und schon das Frühstück vorbereitet, damit alle zufrieden in den Tag starten und sich wie zu Hause fühlen, weil es eben ihre Hafermilch oder das Lieblingsmüsli gibt – und nicht einfach nur Muffins aus der Plastikschachtel.

Heutzutage existiert ja so etwas Wunderbares wie ein Rider. Ja, was das ist? Das habe ich mich natürlich auch zuerst gefragt. Das ist diese ominöse Liste, die alle Künstler haben. Darauf steht, was man gern im Kühlschrank hat und worauf man Wert legt beim Essen. Ich finde, das klingt erst immer nach Starallüren, aber es ist wichtig. Denn wenn man unterwegs ist, dann gibt es wirklich gar keine Möglichkeit, sich selbst zu versorgen. Da brauche ich einfach Unterstützung. Außerdem gibt es ja spezielle Unverträglichkeiten. Und natürlich ist es auch wichtig, dass man nicht jeden Abend einfach Pizza bestellt. Anfangs habe ich nicht darauf geachtet, und dann haben die Band und ich uns den ganzen Tag mit Mini-Snickers, Gummibärchen und Chips vollgehauen. Am Ende haben wir uns auch so gefühlt. Da haben wir gesagt: Wenn wir so weitermachen, rollen wir nach dem letzten Konzert nach Hause. Seitdem achte ich genau auf diese Liste. Metallica sollen übrigens einen super Trick haben, den ich mir vielleicht mal abgucken werde. Ganz am Ende der Liste steht, dass sie Wert auf rote Gummibärchen legen. Das ist keine Schikane, sondern einfach der Beweis: Wenn sie irgendwo backstage sind und dort steht eine Schale mit roten Gummibärchen, dann wissen sie gleich: Yeah, jemand hat unsere Liste komplett gelesen und ernst genommen.

Wer unsere Liste in die Hand bekommt, wird denken: Mhm, eigentlich ganz normal. Keine exzentrischen Eigenheiten, nur eine Notiz mit dem Wunsch nach veganen und vegetarischen Optionen. Aber was macht das Kokoswasser da? Das hat meine Keyboarderin eingeführt, und wir waren erst alle skeptisch: Braucht man das? Ist das nicht eine Extrawurst? Aber nun trinken wir es alle, da es einen nicht nur mit Flüssigkeit versorgt, sondern auch viele Nährstoffe hat. Ich freue mich immer über lokale Spezialitäten wie Brot oder Bier aus der Region. Damit kann man mich glücklich machen, und ich bilde mir ein, dass ich dann besser mit dem Ort in Kontakt komme, wenn ich das lokale Essen genieße. Deswegen gehen wir auch, sooft es geht, in ein Restaurant, wenn es sich ergibt. Außerdem haben wir als kleinen Luxus einen Entsafter, damit wir uns mit Vitaminen versorgen können. Ich bestelle mir auch frischen Ingwer, Zitrone und Honig für einen Tee, der meine Stimme gesund hält.

Mittlerweile werden wir häufig total verwöhnt, und es ist ein Fest, auf Tour zu sein. Einmal haben wir uns sogar schon eine Challenge auferlegt, um nicht mit einem Rettungsring nach Hause zurückzukommen: Wir wollten gesund essen und möglichst gar keine Kohlenhydrate, vor allem keine Süßigkeiten. Aber auch möglichst kein Brot, keine Nudeln oder gekaufte Säfte. Alkohol war nur alle zwei Tage in kleinen Mengen erlaubt. So verwandelten wir uns für jedes Restaurant in einen lebendigen Albtraum, denn wir fragten alles nach: Ist der Ketchup selbst gemacht oder ist da Zucker drin? Denn wer sündigte, zahlte einen Euro in die Gemeinschaftskasse. Das Geld haben wir am Ende gespendet. Aber einige gaben auch zwischendurch auf und bestellten sich Vollkornpasta, weil sie nicht mehr konnten. Sie wollten dann nur 50 Cent zahlen, weil Vollkorn ja halb gesund ist. Bueno! Es sollte eigentlich Spaß machen, aber irgendwann haben wir dann aufgehört, weil es Quatsch ist, auf Dauer so dogmatisch zu leben. Aber es ist auf jeden Fall gut, sich mal Gedanken zu machen und zu spüren: Aha, krass, eigentlich geht es mir ohne Zucker besser, auch wenn ich erst mal Entzugserscheinungen habe.

Die einzigen Länder, wo ich den Rider auch mal weglassen könnte, sind Italien und Spanien. Dort bin ich nie in Gefahr und kann mir sicher sein, dass ich immer und überall mit supergutem Essen versorgt werde. Und falls ich mal in Japan toure, würde ich mir auch keine Sorgen machen. Am besten schmeckt es eben, wo man sich zu Hause fühlt. Da habe ich Glück, dass ich so viel Auswahl habe.

11

MAGIA.
YA VERÁS QUE SALE BIEN*

AM ENDE
WIRD ALLES GUT

* Spanisch für: Du wirst sehen, es wird gut.

Ed Sheeran sagt auf Instagram immer mal wieder: Leute, ich brauche eine Pause. Bye! Und dann schaltet er sich ab, und alle warten ganz gebannt, wann er wiederkommt und singt. Natürlich wollte ich das auch gern mal machen, aber ich dachte immer, auf mich warten nicht alle. Wenn ich mich verabschiede, ist es vorbei. Ende und aus. Ich werde vergessen. Trotzdem war es irgendwann notwendig für mich, die Stopp-Taste zu drücken, und ich gönnte mir eine freie Zeit. Der Zug fuhr mich einfach manchmal zu schnell durch die Musikwelt, und die Geschwindigkeit war auf Dauer nicht mehr auszuhalten. Ich hatte aus Erschöpfung den Spaß am Songschreiben verloren, und das war für mich das Zeichen, dass irgendwas nicht stimmte. Und so begann ich, meinen Kalender zu leeren.

Die Pandemie schickte mich dann wie alle anderen in eine Zwangspause und verlängerte meine geplante Auszeit. Alles wurde abgesagt, und besonders uns Musikern fehlten die Live-Auftritte, denn es sind die Konzerte, die uns mit unseren Hörern verbinden und alles so lebenswert machen. Das ist der Moment, in dem wir unsere Musik mit anderen feiern und leben können. Aber natürlich war das nicht mehr möglich, und ich habe es akzeptiert. Und ich finde auch, dass man das nicht einfach digitalisieren kann – auch als Computerfan. Sicher kann man mal Live-Streamings anbieten, aber

das Gefühl, auf einem Konzert zu sein und die Musik mit allen Sinnen zu erleben, das ist nicht ersetzbar.

Ich vermisste es auch so sehr! Deswegen war die Situation ein großer Schock und ein Desaster für alle Musiker, aber natürlich auch für die Menschen, die noch bei Touren involviert sind: vom Bühnenbauer bis zum Catering.

Ich bekam ganz viele neue Follower auf Instagram, weil die Menschen vermutlich nach einer Ablenkung und Unterhaltung suchten. Im Sommer trudelten dann die Messages ein. Siehe da: Ich wurde gar nicht vergessen, sondern gefragt: Alvaro, warum kommt kein neuer Song von dir? Wir brauchen Hoffnung und deine positiven Vibes! Die Fans waren gewohnt, dass es immer einen Sommerhit gab, und sie starteten für mich einen Countdown bis zum 31. August – also bis zum Ende des Sommers. Aber ich musste leider passen und mich sortieren. Ich hatte wie gesagt schon länger eine Auszeit geplant und nahm sie mir für mich und dann zum Musikschreiben.

Zum Glück hatte ich mir schon ein Studio zu Hause eingerichtet und verließ nur ein Mal pro Woche die Wohnung, um

einzukaufen. Den Rest der Zeit verbrachte ich damit, zu singen, zu malen und Songs aus mir herausfließen zu lassen. Mein neues Album sollte entstehen, und die Arbeit daran hielt mich irgendwie in einer guten Stimmung, obwohl die Zeit auch für mich wirklich nicht einfach war. Doch ich freute mich, dass ich nicht innerhalb von drei Tagen einen Song heraushauen musste, sondern endlich mal Zeit hatte. Ich konnte in Ruhe reflektieren: Wo stehe ich eigentlich? Wer bin ich und wo will ich hin? Was will ich ausdrücken und welche Botschaft möchte ich in die Welt senden?

Mein erstes Album *Eterno agosto* war aus einer ganz anderen Situation heraus entstanden. Damals wollte ich mich aus meiner Lebenssituation befreien und spürte diesen Druck, diesen Hunger, diese unendliche Energie meiner Chance auf ein Leben voller Musik. Ich wollte aus einem Loch heraus, und das motivierte mich darum zu kämpfen, als Musiker leben zu können. Mein zweites Album *Mar de colores,* das im Jahr 2018 erschienen war, knüpfte direkt an den überraschenden Erfolg an – was ich immer noch unfassbar finde. Ich hänge meine ganzen Platin- und Goldplatten aber übrigens nicht auf, sondern lagere sie unter dem Bett. Meine Wohnung ist mein Ruheort, dort will ich nicht immer an die Arbeit erinnert werden.

Nach dem zweiten erfolgreichen Album hatte ich Bedenken, dass es mir zu gut geht. Denn das Unwohlsein eines Künstlers erschafft manchmal ganz wunderbare Blüten. Denken wir an Eminem. Wäre er nicht so wütend auf sein Leben gewesen, hätte er niemals

gerappt. Ich hatte also Angst, dass ich nicht mehr so kreativ sein würde. Aber dann merkte ich, dass es nun darum ging, mich selbst mit der Musik weiterzuentwickeln und mit jedem Song noch mehr zu wachsen.

Was mir da gleich in den Sinn kam, war das Wort »Magie«. Es ist ein großes Wort, aber dabei kann Magie in ganz kleinen Momenten mitten im Leben stattfinden. Man muss sie nur sehen und schätzen: Wenn ich aus dem Fenster schaue und eine besondere Wolke zieht vorbei. Wenn ich einen lieben Menschen umarme. Wenn ein Kind mich auf der Straße anlächelt. Lebensfreude kann man überall finden, sogar im Lockdown.

> *Es ist ein großes Wort, aber dabei kann Magie in ganz kleinen Momenten mitten im Leben stattfinden. Man muss sie nur sehen und schätzen.*

Meine Instagram-Familie hat mich dann motiviert und nach guten Vibes gefragt. Und ich sagte mir: Ich bleibe mir treu. Wie wichtig ist es gerade, Licht zu sein und Hoffnung zu geben? *Magia*, mein drittes Album, ist Alvaro Soler. *Magia* bin ich. Schon bei den ersten Klängen hört man das: die Claps, das Xylophon, die mitreißende Stimmung. Und ich fühle mich gleich zu Hause. Dann kommt der Text, der ausdrücken soll: Lebensfreude und Magie sind immer da. Wir müssen nur die Sinne aufmachen, damit wir sie spüren und sehen können. Oft ist sie einfach unbeschreiblich, mit Worten gar nicht zu fassen. Im Song heißt es übersetzt: Die Magie in deinen Augen zeigt mir, dass das Leben ein Lied ist. Ich will mich daran immer erinnern.

Und so haben wir uns auch nicht ausbremsen lassen und das Video zu *Magia* mitten in der Pandemie komplett in Berlin gedreht – obwohl es so aussieht, als seien wir irgendwo im Dschungel in Costa Rica oder würden in der Karibik abtauchen. Dabei waren wir in einem ganz normalen Schwimmbad und in einem botanischen Garten – natürlich auch, weil wir nicht reisen konnten. Aber die Welt der Träume und Visionen ist grenzenlos. Das Video beginnt damit, dass ich im Bett liege und es einkracht. Ich weiß nicht, wie oft ich das machen musste. Aber im Video katapultiert es mich in andere Welten, wo alles möglich zu sein scheint. So kann auch ein ganz normales Schwimmbad so aussehen, als würde ich im Meer baden. Übrigens: Auch da kann man sich nicht vorstellen, wie oft ich mit meinen Klamotten ins Wasser springen musste, bis wir die Szene hatten. Am Ende sieht alles immer so leicht aus, aber es ist ab und zu auch harte Arbeit, bis die Träume perfekt sind.

Ich höre auf mein Bauchgefühl – bei allem, was ich mache. Ob ich nun Musik schreibe, einkaufen gehe oder bei »The Voice Kids« für ein Talent auf den Buzzer drücke. Wenn ich das nicht mache, passieren Fehler. Ein gutes Beispiel ist, dass ich bei »X-Factor« in Italien als Coach mal nicht auf mein Bauchgefühl gehört habe und mich erst für die falsche Band entschied, die dann einfach aufgab, während die gute Band fast rausflog. Glücklicherweise konnte ich sie später noch retten, und sie gewannen sogar den Wettbewerb. Ich versuche, aus Fehlern zu lernen, und trainiere so meine Intuition, die ich auch für das Songschreiben brauche.

Es gibt viele Techniken, aber am Ende vertraue ich darauf, dass die passenden Songs zu mir kommen. Ich muss nur hinhören und die Songs dann rausspielen. Ich kann mich ja immer noch besser mit Musik als mit Worten ausdrücken. Meistens spiele ich ein paar Akkorde, fange dann einfach an zu singen und beobachte selbst, wie es weitergeht. Manchmal fließt es so ganz automatisch weiter, wenn ich in der richtigen Stimmung bin und wenn ich etwas Zeit habe. Ich fühle mich dann wie in einer Trance.

> *Ich kann mich ja immer noch besser mit Musik als mit Worten ausdrücken.*

Das Songwriting innerhalb der Pandemie war nicht so schlecht, wie ich zuerst dachte. Zum Glück waren Simon, Ali und ich eh schon so aufgestellt, dass wir auch auf Distanz zusammen arbeiten konnten – das waren wir schon gewohnt. Jeder kann von zu Hause aus Musik aufnehmen, und wir schicken uns alles immer hin und her. Ich spiele gut Klavier, Ali spielt Gitarre und Bass, Simon hat ein super Gespür für Melodien. Wir sind ein perfektes Trio. Nur Trompeten und Hörner nehmen wir extern auf. Manchmal habe ich noch keine Lyrics, und dann fühle ich rein und dann denke ich: Der Song muss von dem und dem handeln. Ich sehe eine Situation aus meinem Leben vor meinem inneren Auge. Ich stelle mir das vor, wenn das Lied da ist. Aus dem Gefühl schreibe ich den Text dazu.

So entsteht aus den ersten Zutaten langsam ein Teig, der noch gehen muss und geknetet wird – bis irgendwann der Kuchen oder das Brot fertig ist. Nun komme ich wieder mit den Kochvergleichen, aber genauso ist es.

Ein Song folgt übrigens einer bestimmten Reihenfolge, also gibt es auch so etwas wie ein Grundrezept. Es startet mit dem ersten Vers, dann kommt der Chorus. Dann der zweite Vers, dann Chorus und danach öffnet sich der C-Part, wo man etwas mit der Melodieführung variiert. Man besichtigt kurz eine andere Welt, um wieder zurückzukommen.

Manchmal entsteht auch tagelang nur Mist, aber irgendwann habe ich das Gefühl, eine Perle in der Hand zu halten und dann gehe ich direkt ans Mikro und haue Melodien raus.

Das Album ist das umfangreichste von allen, und es spiegelt meine Zeit bis hierhin wider. Man findet vier Jahre alte Songs, andere sind wenige Monate alt. Es gibt viele Songs, die ich mir aufbewahrt habe für einen besseren Moment. Einer heißt *Alma de luz*, das bedeutet übersetzt »Seele des Lichts«. Es geht dabei um meine Herkunft und den Konflikt, den ich manchmal habe, wenn ich das Gefühl habe, nicht verstanden zu werden. Es heißt in dem Song: »Sie sagen, du bist nicht von hier.« Es gibt einen bestimmten Part, der mich sehr berührt: *Qué pena, qué pena, si no te conozco, miedo me das. ¿Cuál es tu bandera? Pero a mí qué más me da* – Schade, schade, wenn ich dich nicht kenne, habe ich Angst vor dir. Welche ist deine Flagge? Mir ist das egal.

Meine Frage ist auch: Warum unterscheiden wir, wenn wir eins sind? Man hat mich persönlich und musikalisch immer in Schubladen gesteckt. Es ist so unnötig. Warum muss man alles definieren? Manchmal ist es einfach so, wie es ist.

> Warum muss man alles definieren? Manchmal ist es einfach so, wie es ist.

Ich habe versucht, in so vielen Kulturen präsent zu sein. Ich dachte, ich müsste mich anpassen, aufteilen, ständig transformieren. Nein! Das Geheimnis ist, dass ich erkenne, dass ich immer gleich sein darf – auch wenn ich mich zum Apfel mache. Oder sagt man das anders? Ah, zum Affen mache! Egal! Es ist wirklich egal, wie ich aussehe, wo ich herkomme, wo ich bin, wo ich hingehe, welche Sprache ich spreche. Meine Essenz, der Kern meines Seins, der bleibt immer konstant. Bei mir und bei allen anderen. *Alma de luz*. Das ist mein Zuhause.

Nachwort

Alma de luz

Ich sitze auf meinem Sofa in meiner Wohnung in Berlin und denke: angekommen. Sie ist mein kleiner Ort, den ich mir selbst erschaffen habe. Ich habe alle Lichter ausgemacht und schaue aus dem Fenster. Ein magischer Moment. In mir entsteht ein warmes Gefühl. Verbunden und frei. Verankert und bewegt. Lebendig und ruhig. Berlin, du bist meine zweite Heimat, auch wenn ich deine grauen Tage nicht mag. Du erinnerst mich daran, dass ich in Deutschland Wurzeln habe. Von hier aus startete meine Solo-Karriere als Musiker. Ich bin dankbar. Ich bin versöhnt mit allen Momenten, ob gut oder schlecht.

Nach einer Weile denke ich an Barcelona. Mein Anker. Der Ort, wo ich geboren bin. Dort habe ich ein Zuhause, und der Großteil meiner Familie lebt da. Ich vermisse das Meer, das mir so viel Inspiration gibt, mich gleichzeitig beruhigt und aufwühlt. Ich möchte meine Freunde treffen, mit ihnen essen und lachen, mich akzeptiert fühlen. Immer wenn ich aus dem Flieger steige, wird mir warm, vor allem ums Herz. Der Geruch von ewigem Sommer, das Gefühl von Freude und um mich herum Menschen, die mich ohne Worte verstehen. Barcelona, ich brauche dich, um aufzutanken.

Dann kommt mir Italien in den Sinn. Der Ort, wo mich die Menschen sofort liebten. Wo ich lernte, über mich selbst zu lachen und wo ich in meinen Schatten trat, der mir sagte: »Alvaro, besser du bleibst immer du selbst. Sonst verlierst du dich.«

Ich sehe mich wieder in den USA – wo ich die verrücktesten Geschichten mit Queen J.Lo und King Flo

Rida erleben durfte. In mir steigt Dankbarkeit auf – für alle Momente, die mich aus meiner Normalität auf die Bühnen dieser Welt katapultierten. Und es wäre nur halb so lustig ohne die Missgeschicke gewesen. Was habe ich unterwegs viel gelacht!

Ich kehre in meinen Gedanken zurück an den Anfang, nach Japan, wo ich beim Karaoke das Ventil für meine inneren Töne fand. Die Zeit, als ich einfach mal drauf los sang und dabei meine Stimme entdeckte. Als die Musik mein bester Freund wurde. Es wäre doch schön, wenn nun Kinder meine Musik beim Karaoke sängen und sich ermutigt fühlten, ihr Ding zu machen.

Meine Reise geht hoffentlich noch lange weiter. Und ich wünsche mir, mit meiner Musik weiter zu wachsen, sie im Gepäck mitzunehmen und überall auszupacken. Vielleicht inspiriert sie dich oder schenkt dir einen Moment der Freude. Das wäre mein größtes Glück, wirklich.

Die Frage, wo meine Heimat ist, stelle ich mir nicht mehr. Sie ist ja immer schon da gewesen, seit ich meinen eigenen Herzschlag höre. Dum-dum. Dum-dum. Dum-dum.

Dank

Ich hätte wirklich nie gedacht, dass ich mit 30 Jahren ein Buch schreiben würde. Macht man das nicht normalerweise am Ende einer langen, erfolgreichen Karriere? Für mich fühlt sich das Ganze hier doch immer noch neu an. In Gesprächen mit anderen ist mir aber irgendwann aufgefallen, dass meine persönliche Geschichte anscheinend nicht ganz normal ist, obwohl sie mir so erscheint. Ich habe gemerkt, dass sie Leute fasziniert und neugierig macht. Als die Möglichkeit entstand, ein Buch zu schreiben, wollte ich eben keine herkömmliche Biografie veröffentlichen, sondern meine, vielleicht für andere ungewöhnliche, Geschichte erzählen. In der Hoffnung, damit Menschen Mut zu machen, die auch keinen geradlinigen Lebenslauf vorweisen können, oder für die das Gefühl von Heimat, Sprache und Kultur ein immerwährendes Suchen mit sich bringt.

Ich freue mich sehr, dass der Penguin Verlag mir das Vertrauen geschenkt hat und wir gemeinsam diesen für mich neuen Weg gegangen sind. Dabei war es mir sehr wichtig, jemanden zu finden, der mir helfen konnte, all die Gedanken, die in meinem Kopf herumtanzten, in Worte zu fassen – und das noch auf Deutsch. Ich habe Christine das erste Mal über Zoom kennengelernt

DANK

und war direkt überzeugt, dass sie die Richtige dafür ist. Sie ist wie ich schon viel gereist, auch durch Japan, um dort unter anderem Restaurants zu testen (quasi mein Traumjob ... haha). Ich möchte mich an dieser Stelle von Herzen bei ihr bedanken – besonders für ihre Geduld mit mir. Wir haben das Buch zusammen in Zeiten geschrieben, in denen Reisen fast nicht möglich war, und haben deshalb gefühlt hundert Stunden miteinander gefacetimed. Das klingt bestimmt absurd, aber wir haben uns erst ganz am Ende des Entstehungsprozesses »live« kennengelernt! Es war echt abgefahren, mein bisheriges Leben auf diese Art und Weise noch einmal zu durchleben.

Danke Andi, meinem Manager, der von Anfang an Feuer und Flamme für das Buch war. Sein roter Korrekturstift ist nicht zu unterschätzen! :)

Danke an alle, die einen Abschnitt in meinem Leben mit mir geteilt haben und mich zu der Person gemacht haben, die ich jetzt bin.

Und als Letztes und am wichtigsten: Danke an meine Familie, die mich immer so geliebt hat, wie ich bin, und mich in allem unterstützt hat. Meinen Eltern dafür, dass sie mich durch ihre Reisen zu einer sehr neugierigen Person gemacht haben, die jeden Tag Freude in die Welt bringen will! Wer weiß, was passiert wäre, wenn sie mir nicht das Casio-E-Piano zum 10. Geburtstag geschenkt hätten ... Gracias. ¡Os quiero mucho!

Bildnachweis

Fotografie: Privat

Mit Ausnahme von:
20/21 Jordan Wright
29 Alexander Tamargo/Getty Images for iHeartMedia
85 Bart Kuykens
112/113, 240 Andreas Schubert
181 Andrés Domingo García
191 Gruppo Wise
196/197, 201, 202, 232/233, 234/235 Yul Schmettkordt
230/231, 237 Vincent Franken
238/239 Marvin Ströter
242 Christoph Koestlin
254/255 Olivia Rudnitzky

Der Verlag hat sich bemüht, alle Rechteinhaber ausfindig zu machen, verlagsüblich zu nennen und zu honorieren. Sollte uns dies im Einzelfall aufgrund des Zeitablaufs und der schlechten Quellenlage bedauerlicherweise einmal nicht möglich gewesen sein, werden wir begründete Ansprüche selbstverständlich erfüllen.

Sollte diese Publikation Links auf Webseiten Dritter enthalten, so übernehmen wir für deren Inhalte keine Haftung, da wir uns diese nicht zu eigen machen, sondern lediglich auf deren Stand zum Zeitpunkt der Erstveröffentlichung verweisen.

Es handelt sich bei dieser Biografie um die Darstellung von persönlichen Erfahrungen und Erlebnissen. Szenen und Zitate sind überwiegend und nach bestem Wissen und Gewissen aus der Erinnerung wiedergegeben worden. Es besteht kein Anspruch auf Richtigkeit und Vollständigkeit.

Penguin Random House Verlagsgruppe FSC® N001967

1. Auflage
Copyright © 2021 Penguin Verlag
in der Penguin Random House Verlagsgruppe GmbH,
Neumarkter Str. 28, 81673 München
Umschlaggestaltung: Hafen Werbeagentur gsk GmbH, Hamburg
Umschlagfoto Vorderseite: © Peter Rigaud
Umschlagfoto Rückseite: © Vincent Franken
Schmuckfoto: © Peter Rigaud
Satz: Vornehm Mediengestaltung GmbH, München
Druck und Bindung: CPI books GmbH, Leck
Printed in Germany
ISBN 978-3-328-60213-2
www.penguin-verlag.de